DIE BERÜHMTESTEN DIEBSTÄHLE DER WELT

SOLEDAD ROMERO MARIÑO
& JULIO ANTONIO BLASCO

KLEINE GESTALTEN

IMPRESSUM

Die berühmtesten Diebstähle
der Welt

Illustriert von Julio Antonio Blasco
Erzählt von Soledad Romero Mariño

Übersetzung aus dem Spanischen
von Manuela Schomann
Satz und Lektorat:
bookwise GmbH, München

Druck: Schleunungdruck GmbH,
Marktheidenfeld
Hergestellt in Deutschland

Erschienen bei Kleine Gestalten,
Berlin 2022
ISBN 978-3-96704-727-1

Die englische Ausgabe ist unter
der ISBN 978-3-96704-728-8
erhältlich.

Die spanische Originalausgabe
erschien unter dem Titel „Robos
de leyenda" bei Zahorí Books
©Zahorí Books, 2020
©Text: Soledad Romero Mariño
©Illustrationen: Julio Antonio Blasco
©für die deutsche Ausgabe:
Kleine Gestalten, erschienen
bei Die Gestalten Verlag GmbH &
Co.KG, Berlin 2022.

Weitere Informationen und
Buchbestellungen unter
www.kleine.gestalten.com.

Bibliografische Information der
Deutschen Nationalbibliothek.
Die Deutsche Nationalbibliothek
verzeichnet diese Publikation in der
Deutschen Nationalbibliografie;
detaillierte bibliografische Daten
sind im Internet über
www.dnb.de abrufbar.

20 ENTFÜHRUNG EINER BOEING 727 MIT ZIEL SEATTLE

EIN MYSTERIÖSER UNBEKANNTER ENTFÜHRT EIN FLUGZEUG UND ENTKOMMT PER FALLSCHIRM MIT 200 000 DOLLAR.

26 VON DER KANALISATION AUS IN DIE BANK VON NIZZA

DIE DIEBE LASSEN IN DER AUSGERAUBTEN BANK NUR FOLGENDE BOTSCHAFT ZURÜCK: **KEINE WAFFEN, KEINE GEWALT, KEIN HASS.**

44 HACKERANGRIFF AUF DIE CITIBANK

EIN JUNGER RUSSE SETZT DIE GROSSBANK SCHACHMATT.

56 EINBRUCH IN DIE ZENTRAL-BANK VON FORTALEZA

BEEINDRUCKENDE INGENIEURSKUNST MACHT DIESEN COUP ZUM SPEKTAKULÄRSTEN DIEBSTAHL IN DER GESCHICHTE BRASILIENS.

48 DREISTER EINBRUCH INS DIAMANTEN-ZENTRUM

DIE „TURINER SCHULE", EINE VERBRECHERBANDE, ÜBERLISTET DAS BESTE SICHERHEITSSYSTEM DER WELT UND STIEHLT EDELSTEINE MIT EINEM GESCHÄTZTEN WERT VON 100 MILLIONEN DOLLAR.

LE
GRAND · PARISIEN

5 Centimes | ILLUSTRIERTE **LITERATUR** BEILAGE | **5** Centimes

16. Jahr — MONTAG, 21. AUGUST 1911 — Nr. 779

KLAMMHEIMLICH WIRD DIE *MONA LISA* AUS DEM LOUVRE GESTOHLEN.

DIEBSTAHL DER *MONA LISA*
AUS DEM LOUVRE

EIN ITALIENISCHER SCHREINER TRÄGT DIE *MONA LISA* EINFACH AUS DEM MUSEUM.

DER AUFSEHENERREGENDE KUNSTRAUB FÜHRTE ZUR FÄLSCHLICHEN VERHAFTUNG DES MALERS PABLO PICASSO.

WANN:	**WO:**	**WER:**	**BEUTE:**	**URTEIL:**
21. AUGUST 1911	IM LOUVRE-MUSEUM, PARIS, FRANKREICH	VINCENZO PERUGGIA	DIE *MONA LISA* (AUCH GENANNT: *LA GIOCONDA*)	PERUGGIA VERBRACHTE NUR EIN JAHR UND 15 TAGE IM GEFÄNGNIS. DIE MENSCHEN WAREN IHM WOHLGESONNEN, DA ER DAS GEMÄLDE MIT RESPEKT BEHANDELT HATTE.

DIE PLANUNG DES RAUBS

VINCENZO PERUGGIA

Peruggia war weder ein Kunstliebhaber noch ein gebildeter Herr, sondern Analphabet. Der Italiener aus einfachen Verhältnissen stammte aus dem Ort Dumenza in der Lombardei. Er hatte seine Heimat verlassen, um Arbeit in Frankreich zu suchen.

Seine ersten Jahre in Paris waren nicht leicht. So kam es, dass er immer wieder kleinere Diebstähle beging. Doch mit der Zeit fand er dank seiner handwerklichen Fähigkeiten Arbeit als Schreiner.

EIN ANGESTELLTER DES LOUVRE

Im Jahr 1910 stellte der Louvre vier Schreiner ein, um diebstahlgefährdete Gemälde mit einer Glasscheibe zu schützen. Vincenzo Peruggia war einer der beauftragten Männer und fertigte zusammen mit seinen Kollegen u. a. den Glaskasten zum Schutz der Mona Lisa an.

SICHERHEITSLÜCKEN IM MUSEUM

Peruggia bemerkte die nachlässigen Sicherheitsvorkehrungen im Louvre. So glaubte er, problemlos eines der Werke stehlen zu können, obwohl er nicht gerade ein Genie war. Doch da er eine Weile im Louvre gearbeitet hatte, war er natürlich im Vorteil. Und dann brauchte er nur noch ein wenig Glück.

WENIGER WACHSAM AM MONTAG

Wegen Reinigungsarbeiten war das Museum montags stets geschlossen. Ohne störende Besucher wurden die Werke auch fotografiert. An diesem Wochentag ging es im Louvre weniger geordnet zu und die Sicherheit wurde vernachlässigt: Nur zehn Personen bewachten die Werke des Pariser Museums. Aus dem Grund beschloss Peruggia, an einem Montag zuzuschlagen.

EIN EINFACHER SCHREINER NUTZTE DIE SICHERHEITSLÜCKEN DES MUSEUMS AUS.

VINCENZO PERUGGIA, DER URHEBER DES BERÜHMTEN DIEBSTAHLS DER *MONA LISA* IM JAHR 1911.

DIE LEERE STELLE AN DER WAND DES SALON CARRÉ (QUADRATISCHER SAAL), EINEM DER AUSSTELLUNGSSÄLE DES LOUVRE. HIER HING DIE MONA *LISA*.

DAS SCHMUCKSTÜCK

Peruggia entschied sich für die Mona Lisa – das Werk eines italienischen Malers, das auch noch recht klein war (53 × 77 Zentimeter).

Außerdem hatte er einen Experten sagen hören, es sei eines der Schmuckstücke des Museums. Damals war dieses Meisterwerk nur unter Fachleuten berühmt.

> **DAMALS WAR DIESES MEISTERWERK NUR UNTER FACHLEUTEN BERÜHMT.**

DAS WERK

Francesco del Giocondo, ein wohlhabender Seidenhändler, gab die Mona Lisa bei dem Florentiner Maler Leonardo da Vinci in Auftrag. Der berühmte Künstler sollte ein Porträt seiner Ehefrau Lisa Gherardini anfertigen. Leonardo arbeitete vier Jahre an dem Kunstwerk. Aber er übergab es nach seiner Fertigstellung nicht seinem Auftraggeber.

Der italienische Künstler malte das Ölbild auf einer Holztafel. Auch wenn die angewandte Technik innovativ war, ist es doch die rätselhafte Stimmung des Gemäldes, die ins Auge sticht. Das Lächeln und der Blick der porträtierten Dame wirken beunruhigend. Auch die dunstige Landschaft im Hintergrund ist mysteriös. Niemand hat bisher herausgefunden, welchen Ort der Künstler in seinem Werk verewigt hat.

König Franz I. von Frankreich kaufte die Mona Lisa Anfang des 16. Jahrhunderts. Und 300 Jahre später hängte Napoleón Bonaparte das Gemälde eine Zeit lang in seinen Wohnräumen auf.

DAS ALS *MONA LISA* (ITAL. „FRAU LISA") ODER *LA GIOCONDA* BEKANNTE PORTRÄT ZEIGT WAHRSCHEINLICH LISA GHERARDINI, DIE EHEFRAU VON FRANCESCO DEL GIOCONDO.

DER ABLAUF DES RAUBS

PERUGGIA STAHL DAS GEMÄLDE OHNE DIE HILFE VON KOMPLIZEN UND OHNE VERDACHT ZU ERREGEN.

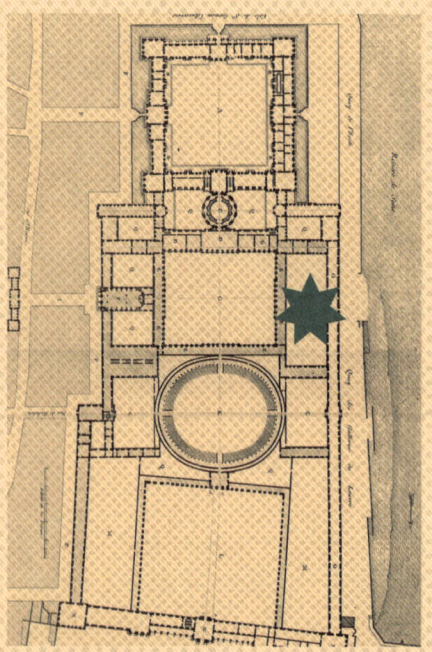

DER GRUNDRISS DES LOUVRE MIT MARKIERUNG, WO DIE MONA LISA HING.

1. BETRETEN DES MUSEUMS

Obwohl er seine Arbeit im Louvre schon vor Monaten abgeschlossen hatte, betrat Peruggia am Montag, den 21. August, frühmorgens in seiner weißen Arbeitsjacke völlig selbstverständlich das Museum.

Man kannte ihn aus der Zeit, als er an den Glaskästen zum Schutz der Gemälde gearbeitet hatte. Deshalb erregte seine Anwesenheit keinerlei Verdacht.

2. DIEBSTAHL DES GEMÄLDES

Peruggia durchschritt mehrere Säle, bis er im Salon Carré ankam. An einer der Wände hing die Mona Lisa, gänzlich unbewacht. Der Schreiner nahm das Werk problemlos von der Wand, denn er kannte das Befestigungssystem. Er trug es bis zur Visconti-Treppe, wo er den Rahmen mit der Glasabdeckung abnahm. Anschließend schützte er das Bild mit Stoff und spazierte seelenruhig durch eine der Haupttüren des Museums auf die Straße hinaus.

3. VERLASSEN DES LOUVRE

Völlig unbemerkt marschierte Peruggia mit einem der größten Meisterwerke des Künstlers Leonardo da Vinci unter dem Arm zu seiner Wohnung.

Es war acht Uhr morgens. Einem einfachen Schreiner, der weder lesen noch schreiben konnte, war der bis dahin größte Kunstraub der Geschichte gelungen.

4. FASSUNGSLOSIGKEIT IM MUSEUM

Bis zum folgenden Tag bemerkte niemand das Fehlen des Werkes. Erst der französische Künstler Louis Béroud machte auf das Verschwinden aufmerksam.

Im ersten Moment kamen die Wachleute des Museums gar nicht auf die Idee, dass es sich um einen Diebstahl handeln könnte. Es gab ein großes Durcheinander, aber letztendlich war das Werk Leonardo da Vincis spurlos aus dem berühmtesten Museum von Paris verschwunden.

DIE ARBEIT DER POLIZEI

DER BERÜHMTESTE RAUB DER KUNSTGESCHICHTE

Um elf Uhr vormittags gab das Museum den Diebstahl bekannt. Der Coup füllte die Titelseiten aller Zeitungen. Die Polizei sperrte das ganze Gelände des Louvre, um nach dem Gemälde zu suchen. Aber seit dem Verschwinden des Werkes waren bereits viele Stunden vergangen, und niemand wusste, wann genau der Diebstahl geschehen war.

DIE KUNSTWELT WAR FASSUNGSLOS.

IM VISIER

Einer der ersten Verdächtigen war Peruggia. Er hatte im Museum gearbeitet und war der Polizei aufgrund einiger kleinerer Diebstähle aus seinen Pariser Anfangsjahren bekannt. Außerdem fand man den Abdruck eines linken Daumens auf dem Bilderrahmen.

Aber in diesem Fall hatte Peruggia Glück, denn die Polizei nahm früher nur die Abdrücke des rechten Daumens ab, sodass ihnen der linke Daumenabdruck keine Hilfe war.

Die Ermittler tappten im Dunkeln und verfolgten nutzlose Spuren. Sie verdächtigten sogar den Dichter Guillaume Apollinaire und den Maler Pablo Picasso des Diebstahls.

DURCH IHR JAHRELANGES VERSCHWINDEN WIRD DIE *MONA LISA* ZUM BERÜHMTESTEN GEMÄLDE DER WELT.

Viele Leute besuchten den Louvre, nur um die Stelle an der Wand zu betrachten, an der die *Mona Lisa* gehangen hatte. Zu dieser Zeit wurde der Besucherrekord gebrochen.

Infolge des Diebstahls entstanden auch mehrere Fälschungen des berühmten Gemäldes – die Künstler versuchten, ihre Werke an Multimillionäre zu verkaufen.

Doch in Wahrheit war die Mona Lisa während all der Jahre in einer bescheidenen Wohnung in Paris versteckt. Vincenzo Peruggia war sicher erschrocken und wusste nicht recht, was er mit dem Gemälde anfangen sollte. Er bewahrte es unter seinem Bett auf und führte sein unauffälliges Leben weiter, als ob nichts geschehen wäre.

PABLO PICASSO UND DER DICHTER APOLLINAIRE ZÄHLTEN ZU DEN VERDÄCHTIGEN.

EIN FOTO VON VINCENZO PERUGGIA, DEM DIEB DER *MONA LISA*, AUFGENOMMEN VON DER PARISER POLIZEI.

DIE DIREKTOREN DER UFFIZIEN IN FLORENZ VERRIETEN PERUGGIA,
ALS ER IHNEN DIE MONA *LISA* ZUM VERKAUF ANBOT.

DIE *MONA LISA* WURDE AN DEN LOUVRE ZURÜCKGEGEBEN. DAS WOHL BERÜHMTESTE GEMÄLDE DER WELT WIRD HEUTE VON SCHUSSSICHEREM GLAS GESCHÜTZT UND JEDES JAHR VON MILLIONEN VON MENSCHEN BEWUNDERT.

VERKAUF UND WIEDERBESCHAFFUNG

SEIN PATRIOTISMUS BRACHTE PERUGGIA INS GEFÄNGNIS.

Zwei Jahre nach dem Diebstahl wollte Peruggia seine Beute loswerden und schrieb an die Galleria degli Uffizi – die Kunstsammlung der Uffizien – in Florenz. Unter dem Pseudonym Leonardo erklärte er, dass er die *Mona Lisa* nach Italien zurückbringen wolle, wo sie ursprünglich von dem Künstler gemalt worden war.

Zuerst nahmen ihn die Direktoren des Museums nicht ernst, luden ihn aber trotzdem nach Florenz ein.

Peruggia legte die *Mona Lisa* in einen Koffer und begab sich auf die Reise. Vor Ort traf er sich mit den Kaufinteressenten in seinem schlichten Hotelzimmer.

Schnell begriffen seine Besucher, dass es sich nicht um einen Scherz handelte. In dem alten Koffer des Schreiners lag tatsächlich die echte *Mona Lisa!*

DIE TÄUSCHUNG

Mit dem Versprechen, das Werk in einem italienischen Museum auszustellen, nahmen die Direktoren der Uffizien die Mona Lisa mit. Dann verrieten sie den armen Schreiner an die Polizei. Hier endete der Traum des naiven italienischen Diebs.

DAS URTEIL

Peruggia saß ein Jahr und 15 Tage in einem italienischen Gefängnis. Die *Mona Lisa*, das nunmehr berühmteste Kunstwerk der Welt, kam in den Louvre zurück.

DER FILM

Die Komödie *Der Diebstahl der Mona Lisa* (1931) basiert auf dem traurigen Leben des Vincenzo Peruggia.

GLASGOW TIMES

Donnerstag, 8. August 1963   Nr. 18.556

IN EINER FRIEDLICHEN STADT ...
DER GROSSE POSTZUGRAUB

MASKIERTE BANDE RAUBT EINEN ZUG AUS, DER MIT 120 SÄCKEN VOLLER GELDSCHEINE BELADEN IST.

EIN LEGENDÄRER COUP MIT EINER BEUTE VON 2,6 MILLIONEN PFUND STERLING.

BEAMTE VON SCOTLAND YARD SUCHEN NACH DEM ÜBERFALL AUF DEN POSTZUG „UP SPECIAL" NACH SPUREN.

DIE PLANUNG DES RAUBS

EIN HINWEIS ERREGT DIE AUFMERKSAMKEIT EINES KLEINEN DIEBS.

BRUCE REYNOLDS AUS LONDON (1931–2013)

Bruce Reynolds Kindheit war geprägt von familiären Konflikten. Während seiner Jugendzeit geriet er oft in Schwierigkeiten und trieb sich in den Vororten der britischen Hauptstadt herum. Immer wieder war er in krumme Geschäfte verwickelt und beging mehrere Diebstähle, bis er schließlich ins Gefängnis kam.

IM GEFÄNGNIS

Während seiner Haftstrafe verriet ihm sein Zellengenosse ein Geheimnis, das Reynolds Leben für immer veränderte. Er berichtete von einem regelmäßig verkehrenden Zug, der mitten in der Nacht Säcke voll Geld von den Banken aus Glasgow nach London transportierte.

Dies war die Gelegenheit, auf die Reynolds so lange gewartet hatte. Von nun an verbrachte er seine Zeit im Gefängnis mit der Planung des Überfalls auf den Postzug der Royal Mail.

WANN:
8. AUGUST 1963

WO:
POSTZUG AUS GLASGOW, GROSSBRITANNIEN

WER:
EINE 15-KÖPFIGE BANDE, ANGEFÜHRT VON BRUCE REYNOLDS

BEUTE:
2,6 MILLIONEN PFUND STERLING (ENTSPRICHT HEUTE 43 MILLIONEN PFUND ODER 50 MILLIONEN EURO)

URTEIL:
HAFTSTRAFEN VON MINDESTENS 30 JAHREN, AUCH WENN ES EINIGEN VERURTEILTEN GELANG, DER JUSTIZ DURCH FLUCHT ZU ENTKOMMEN

DER ÜBERFALL AUF DEN ZUG

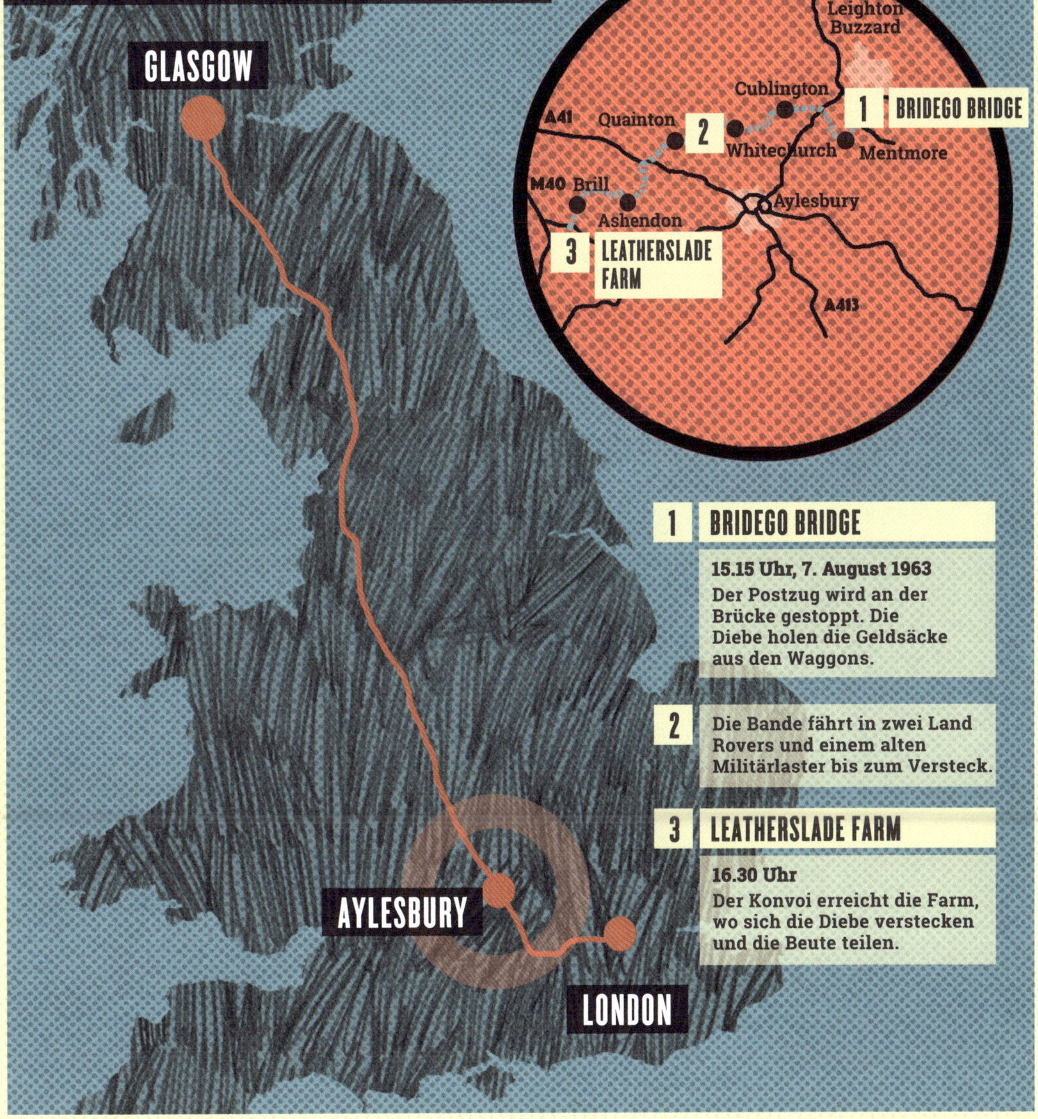

GLASGOW

Leighton Buzzard

A41 Quainton **2** Cublington **1** **BRIDEGO BRIDGE**
Whitechurch Mentmore
M40 Brill Aylesbury
Ashendon
3 **LEATHERSLADE FARM**
A413

1 BRIDEGO BRIDGE

15.15 Uhr, 7. August 1963
Der Postzug wird an der Brücke gestoppt. Die Diebe holen die Geldsäcke aus den Waggons.

2 Die Bande fährt in zwei Land Rovers und einem alten Militärlaster bis zum Versteck.

3 LEATHERSLADE FARM

16.30 Uhr
Der Konvoi erreicht die Farm, wo sich die Diebe verstecken und die Beute teilen.

AYLESBURY

LONDON

DER ABLAUF DES RAUBS

BRUCE REYNOLDS PLANTE DEN COUP.

MITHILFE EINER BATTERIE WURDE DER ZUG GESTOPPT UND GESTÜRMT.

EINIGE MITGLIEDER DER BANDE: **1.** WILLIAM BOAL, **2.** TOM WISBEY, **3.** ROGER CORDREY, **4.** JIM HUSSEY, **5.** ROY JAMES, **6.** BOB WELCH, **7.** JIMMY WHITE, **8.** RONNIE BIGGS, **9.** CHARLIE WILSON

1. LONDON UND DIE BANDE

Bruce Reynolds saß seine Haftstrafe ab und kam wieder frei. Nun wollte er den Plan, den er während seiner Gefängnisjahre ausgeheckt hatte, endlich in die Tat umsetzen.

Er fuhr nach London, besorgte sich Informationen über den Postzug und warb Mitglieder für seine Bande an.

Es waren 14 arme Teufel – Kriminelle, die Reynolds nach ihren jeweiligen Fähigkeiten auswählte.

Die Gruppe bestand aus Douglas Gordon (alias Goody), Ronald Edwards (bekannt als Buster), Charlie Wilson, Ronnie Biggs, Roy James, Roger Cordrey, Tom Wisbey, Jim Hussey, Bob Welch, Brian Field, Leonard Field, Jimmy White, William Boal und John Daly.

2. DAS VERSTECK

Nach Jahren der Vorbereitung auf den anspruchsvollen Coup war schließlich alles bereit. Nur noch wenige Tage bis zum geplanten Überfall. Die Bande begab sich in ihr Operationszentrum und Versteck: die Leatherslade Farm nahe dem Ort des Überfalls.

3. DIE NACHT DES ÜBERFALLS

Man hatte den 8. August 1963 gewählt. An jenem Tag transportierte der Zug 2,6 Millionen Pfund Sterling und damit wesentlich mehr als die 300 000 Pfund, die normalerweise an Bord waren. Eine glänzende Gelegenheit, die sich die Bande nicht entgehen lassen konnte.

4. DAS STÜRMEN DES ZUGS

Der Zug mit seinen zwölf Waggons wurde von 72 Postleuten begleitet, die Geldsäcke lagen im zweiten Waggon. Der Zug fuhr pünktlich in Glasgow ab, erreichte aber nie sein Ziel.

50 Kilometer vor London manipulierte die Bande die Batterie, die ein Signal am Gleis speiste. Das Signal sprang auf Rot, sodass der Zug anhielt.

Die mit Sturmhauben maskierten Angreifer stürmten die Lokomotive des Zugs. Der Lokführer widersetzte sich und bekam einen Schlag auf den Kopf.

DIE BANDE MUSSTE NUR EINE BATTERIE MANIPULIEREN, UM DAS EISENBAHNSIGNAL AUF ROT ZU STELLEN – DAS WAR DER SCHLÜSSEL ZUM ERFOLG.

DIE BRIDEGO BRIDGE WAR DIE STELLE, AN DER DIE BANDE DEN ZUG ÜBERFALLEN WOLLTE. HIER FAND DER LEGENDÄRE RAUB STATT.

5. AUSLADEN DER BEUTE

Reynolds Bande koppelte die Lokomotive mit den ersten beiden Waggons ab und ließ die restlichen Waggons zurück.

Dann fuhren sie zwei Kilometer bis zur Bridego Bridge, wo der Rest der Bande auf sie wartete.

Sie öffneten Waggon Nr. 2, bildeten eine Schlange und luden die Geldsäcke innerhalb weniger Minuten in ihren Laster um.

Bevor sie abfuhren, bedrohten sie die Postleute und schärften ihnen ein, erst nach einer halben Stunde Alarm zu schlagen.

6. IM VERSTECK IN SICHERHEIT

Die Bande fuhr zu ihrem Versteck, um abzuwarten, bis sich die Lage beruhigt hatte. Danach wollten sie ins Ausland flüchten, um der englischen Justiz zu entgehen. Bruce Reynolds war tatsächlich der Coup des Jahrhunderts gelungen!

IN NUR WENIGEN MINUTEN BRACHTE DIE BANDE 118 DER INSGESAMT 126 GELDSÄCKE AUS DEM ZUG ZU IHREM FAHRZEUG.

AUF DER LEATHERSLADE FARM VERSTECKTE SICH DIE BANDE MEHRERE TAGE.

DIE ARBEIT DER POLIZEI

EIN FEHLER FÜHRTE DIE POLIZEI SCHLIESSLICH AUF DIE SPUR DER BANDE.

SCOTLAND YARD

45 Minuten nach dem Überfall war die Polizei am Tatort. Die Bande hatte den Zug ausgeraubt, ohne Spuren zu hinterlassen. Im Waggon waren nur noch acht Säcke voll Geld verblieben, ganz abgesehen von den tief bestürzten und verzweifelten Arbeitern der Royal Mail.

Weltweit berichteten die Zeitungen über den Coup. Scotland Yard richtete eine Sondereinheit ein, die in dem Fall ermitteln sollte.

Währenddessen blieben die Angreifer seelenruhig in ihrem Versteck auf der Leatherslade Farm, aßen Pizza und spielten Monopoly.

DIE BANDE SPIELTE MONOPOLY, UND ZWAR MIT ECHTEM GELD STATT MIT SPIELGELD.

DIE POLIZEI FAND DAS MONOPOLYSPIEL, MIT DEM SICH DIE BANDE DIE ZEIT VERTRIEBEN HATTE.

DER SCHLÜSSEL ZUM ERFOLG

Die erste große Spur, der Scotland Yard folgte, waren die 30 Minuten Vorsprung, die die Angreifer gefordert hatten. Die Ermittler vermuteten, dass die Bande diesen Zeitraum genutzt hatte, um sich zu verstecken. Deshalb durchkämmten sie auf der Suche nach der Räuberhöhle die gesamte Gegend.

DIE RÄUBER HINTERLIESSEN FINGERABDRÜCKE AUF DEM MONOPOLY, AUF EINER FLASCHE KETCHUP UND AUF BIERDOSEN.

SCOTLAND YARD SETZTE EINE SPEZIALEINHEIT UNTER DER LEITUNG VON CHEFINSPEKTOR JACK SLIPPER EIN, UM DEN FALL ZU UNTERSUCHEN.

IM VERSTECK

Mit jedem Tag kam die Polizei der Bande etwas näher. Die Räuber hielten schließlich den Druck nicht mehr aus, teilten die Beute auf und verließen früher als geplant ihr Versteck.

Die Polizei stieß dank des Hinweises eines Nachbarn der Farm auf die Räuberhöhle, die mit Fingerabdrücken übersät war. Außerdem fand man einen eindeutigen Beweis dafür, dass die Farm der Schlupfwinkel der Bande gewesen war – die leeren Geldsäcke.

DAS URTEIL

Zu wem die im Versteck entdeckten Fingerabdrücke gehörten, war schnell geklärt. Sämtliche Abdrücke waren bereits früher bei anderen Delikten erfasst worden. Die Bandenmitglieder wurden einer nach dem anderen erwischt. Bei der 51 Tage dauernden Gerichtsverhandlung erhielten sie Strafen von mindestens 30 Jahren Gefängnis. Nur dem Räuber Ronnie Biggs gelang die Flucht.

DIE MINI-SERIE

The Great Train Robbery (2013) war eine Fernsehserie mit zwei Folgen, die auf dem berühmten Raubüberfall auf den Postzug basierte.

RONNIE BIGGS AUSBRECHERKÖNIG

Obwohl er geschnappt, verurteilt und in Haft genommen worden war, schaffte es Biggs wenige Zeit später, aus dem Wandsworth-Gefängnis zu fliehen. Nach seiner langen Flucht über Frankreich, Spanien und Australien landete er schließlich in Brasilien.

31 Jahre lang lebte er dort mit seiner Familie und wurde zu einem der berühmtesten Ausbrecher des Vereinigten Königreichs. 2001 kehrte er freiwillig in sein Heimatland zurück, wo er nach einigen Jahren im Gefängnis bis zu seinem Tod am 18. Dezember 2013 lebte.

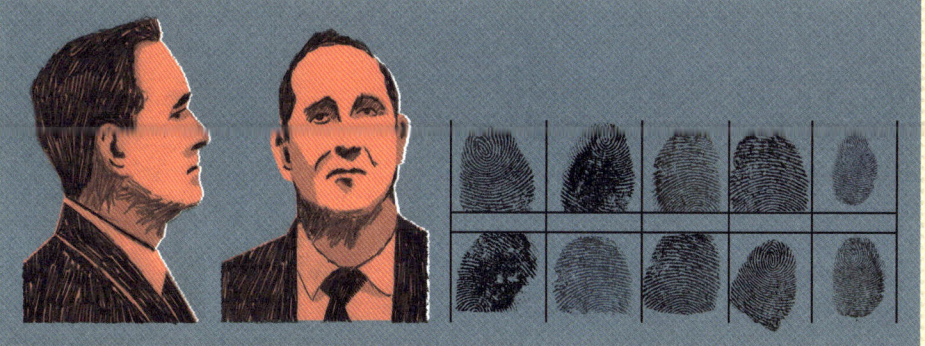

RONNIE BIGGS' POLIZEIAKTE: FINGERABDRÜCKE DER LINKEN UND RECHTEN HAND.

Reno Evening Gazette

Die Zeitung für zu Hause

Information und Unterhaltung für die ganze Familie

R – NR. 237 — RENO, NEVADA. MITTWOCH, 24. NOVEMBER 1971 — TELEFON: FA 3-3161

200 000 DOLLAR VERSCHWUNDEN

ENTFÜHRUNG EINER BOEING 727 MIT ZIEL SEATTLE

EIN UNBEKANNTER ENTFÜHRT EIN FLUGZEUG UND SPRINGT MIT DEM FALLSCHIRM UND EINER BEUTE VON 200 000 DOLLAR AB.

DER ENTFÜHRER WIRD ZUR LEGENDE. SEINE „HELDENTAT" GILT ALS TRIUMPH DES MENSCHEN ÜBER DAS SYSTEM.

DIE BOEING 727 WAR DAS EINZIGE FLUGZEUGMODELL MIT HECKTÜR UND -TREPPE ALS AUSSTIEG. DER ENTFÜHRER WUSSTE DARÜBER BESCHEID.

WANN:	WO:	WER:	BEUTE:	URTEIL:
24. NOVEMBER 1971	FLUGZEUG BOEING 727-100 MIT ZIEL SEATTLE, USA	AUF DEM FLUGTICKET STAND DER NAME DAN COOPER.	200 000 DOLLAR (IN 20-DOLLAR-SCHEINEN)	COOPER KONNTE NIE FESTGENOMMEN WERDEN.

DIE PLANUNG DES RAUBS

ES IST VÖLLIG UNBEKANNT, WIE DIE GEISELNAHME GEPLANT WURDE.

Der Entführer wurde weder gefasst noch identifiziert. Alle Informationen über die Planung sind reine Spekulation.

DER ABLAUF DES RAUBS

MIT EINEM FLUGTICKET NACH SEATTLE BEGANN DIE AUFREGENDSTE ENTFÜHRUNG ALLER ZEITEN.

DAN COOPER WARTET MIT DEM TICKET IN DER HAND AUF DAS BOARDING FÜR DIE BOEING 727 MIT ZIEL SEATTLE.

1. AM FLUGHAFEN VON PORTLAND

Am 24. November 1971, dem Vorabend von Thanksgiving, kaufte ein ca. 45-jähriger Mann ein Ticket, um von Portland nach Seattle zu fliegen. Er war weder besonders groß noch auffallend klein, er trug einen dunklen Anzug, ein weißes Hemd, eine Krawatte und Slipper. Der elegante Herr wies sich als Dan Cooper aus.

2. FLUG 305 NACH SEATTLE

Cooper bestieg pünktlich sein Flugzeug und setzte sich in die letzte Reihe auf Sitz 18C. Mit ihm reisten 36 Passagiere und sechs Besatzungsmitglieder.

3. DER NOTIZZETTEL

Nach dem Start überreichte Cooper der Stewardess einen Zettel. Florence Schaffner, eine hübsche 23-Jährige, dachte, er habe ihr seine Telefonnummer aufgeschrieben, und steckte den Zettel ein, ohne ihn zu beachten.

Cooper aber sagte: „Meine Dame, Sie sollten meine Nachricht lesen. Ich habe eine Bombe." Die Stewardess las: „Ich habe eine Bombe im Handgepäck, die ich notfalls auch einsetzen werde." Des Weiteren stand dort seine Forderung: 200 000 Dollar und vier Fallschirme.

Auf Befehl des Mannes eilte die Stewardess zum Cockpit, um die restlichen Besatzungsmitglieder aufzuklären.

Von da an trug Cooper eine Brille mit dunklen Gläsern, um nicht erkannt zu werden. Er hoffte, dass seine Forderungen erfüllt würden.

„ICH HABE EINE BOMBE, DIE ICH NOTFALLS AUCH EINSETZEN WERDE."

4. DIE ANWEISUNGEN

Der Pilot folgte den Anweisungen des Entführers und kontaktierte den Kontrollturm von Seattle. Er informierte das dortige Personal über die Entführung und die Bedingungen, die der Mann gestellt hatte.

Der Präsident der Fluggesellschaft und das FBI wurden sofort benachrichtigt.

DIE ANWEISUNGEN FÜR DAS BORDPERSONAL WAREN KLAR: MIT DEM ENTFÜHRER KOOPERIEREN UND ÜBERPRÜFEN, OB ES TATSÄCHLICH EINE BOMBE GAB.

5. DIE BOMBE

Cooper zeigte den Inhalt seines Handgepäcks her und überzeugte alle davon, dass er seine Drohung ernst meinte. Dann erklärte er ihnen, wie sie ihm das Geld und die Fallschirme nach der Landung in Seattle überreichen sollten.

WENN SIE SEINE FORDERUNGEN NICHT ERFÜLLEN SOLLTEN, WÜRDE ER DAS FLUGZEUG ZUR EXPLOSION BRINGEN.

6. DIE BEUTE

Cooper gab den Befehl, über Seattle zu kreisen, bis unten die 200 000 Dollar und die Fallschirme bereitstünden.

Während am Flughafen ein Rennen gegen die Zeit stattfand, herrschte im Flugzeug Ruhe. Die Passagiere wussten nicht, was wirklich los war. Cooper rauchte Zigarillos und trank Whisky Soda. Dies schien er, ganz Gentleman, ordnungsgemäß bezahlt zu haben.

7. FLUGHAFEN VON SEATTLE

Um 17.24 Uhr lagen das Geld und die vier Fallschirme, die der Entführer verlangt hatte, bereit. Die Fallschirme (zivile Version mit Aufziehleine) hatte man von der örtlichen Fallschirmschule erhalten. Die Banknoten waren fotografiert worden, um die Seriennummern zu dokumentieren.

DAS FLUGZEUG SETZTE UM 17.39 UHR AUF UND WARTETE AUF EINER RUHIGEN UND DUNKLEN LANDEBAHN, WEIT ENTFERNT VON DEN SCHARFSCHÜTZEN.

Ein Angestellter der Fluggesellschaft wurde beauftragt, Geld und Fallschirme an eine der Stewardessen zu übergeben. Nach einer genauen Untersuchung der Lieferung ließ Cooper die 36 Passagiere und eine der beiden Flugbegleiterinnen frei.

8. AUF 3000 METER HÖHE

Um 19.40 Uhr hob das Flugzeug wieder ab und flog in Richtung Nevada. Cooper schrieb die Flughöhe, die Geschwindigkeit sowie weitere technische Daten vor. Außerdem wies er die Stewardess an, den hinteren Ausstieg nicht zu versperren.

DIE BOEING 727 WAR DAS EINZIGE MODELL MIT EINER TÜR IM HECKBEREICH DES FLUGZEUGS.

Sie flogen mitten in der Nacht bei starkem Wind auf rund 3000 Meter Höhe. Cooper verstaute fünf Kilo Dollarscheine unter seiner Kleidung und befahl der verbliebenen Stewardess, sich im Cockpit mit dem restlichen Bordpersonal einzusperren. Der Moment war gekommen. Der wagemutige Entführer stand kurz davor, seinen Coup abzuschließen.

9. DER GEWAGTE SPRUNG

Schließlich öffnete Cooper die Hecktür und sprang ins Leere.

UNTER IHM LAGEN BERGE, GLETSCHER UND WÄLDER, DIE SEINEM VORHABEN SCHNELL EIN ENDE BEREITEN KONNTEN. ODER AUCH NICHT ... DIES WAR DER LETZTE MOMENT SEINES LEBENS, DER BEKANNT WAR.

IM HANDGEPÄCK, DAS COOPER DER STEWARDESS ZEIGTE, WAREN ROTE DYNAMITSTANGEN, EINE BATTERIE UND KUPFERDRAHT. EXPERTEN VERMUTETEN SPÄTER, DASS ES KEINE ECHTE BOMBE WAR.

COOPER SPRANG AUS DEM HINTEREN AUSSTIEG INS LEERE. UNTER IHM BREITETEN SICH DIE ENDLOSEN GEBIRGE UND WÄLDER DES STAATES WASHINGTON AUS.

DIE ARBEIT DER POLIZEI

Militärflugzeuge folgten der Boeing, aber der Sturm erschwerte die Verfolgung. So konnte nicht erkannt werden, wann Cooper mit dem Fallschirm absprang.

Als das Flugzeug nach 2,5 Stunden in Reno (Nevada) landete, wurde es von FBI-Beamten und Polizisten umzingelt. Der Pilot teilte ihnen mit, dass Cooper um 20.13 Uhr abgesprungen war.

Die Polizei kam an Bord und suchte nach Spuren, fand aber nur eine Krawatte mit einer Krawattennadel aus Perlmutt, zwei der vier geforderten Fallschirme und acht Zigarillostummel. Weder das Handgepäck mit der Bombe noch das Geld noch die zwei anderen Fallschirme waren an Bord.

IM FLUGZEUG FAND MAN ZWEI FALLSCHIRME, ZIGARILLOSTUMMEL UND DIE SCHWARZE KRAWATTE. ABER KEINE WEITEREN SPUREN.

DAS PHANTOMBILD WURDE NACH ZEUGENAUSSAGEN ANGEFERTIGT.

IDENTITÄT UND PHANTOMBILD

Das FBI überprüfte mehr als 1000 Verdächtige. Anfangs glaubte man, Cooper sei ein Angehöriger der Luftstreitkräfte, da er sich mit Aerodynamik und Fallschirmen auskannte. Aber schließlich verwarf man diese These, da sein Sprung sehr unklug gewesen war.

DIE SUCHE

Während der folgenden sechs Wochen durchkämmten Polizisten das Gebiet, in dem Cooper vermutlich gelandet war, fanden aber rein gar nichts.

Sie suchten auch nach den 20-Dollar-Noten des Lösegelds, doch auch hier hatten sie nicht den geringsten Erfolg.

DAS FBI UND DIE POLIZEI DURCHSUCHTEN DAS GESAMTE GEBIET LANGE ZEIT UND SEHR GRÜNDLICH.

DAS ENDE DER ERMITTLUNGEN

ALLE US-AMERIKANISCHEN FERNSEHSENDER SOWIE DER REST DER WELT BERICHTETEN VON DER MYSTERIÖSEN FLUGZEUGENTFÜHRUNG.

Das Codewort des FBI für diesen Fall lautete „Norjak". Die Bundesbehörde glaubte, dass Cooper den Sprung nicht überlebt hatte. Doch dies konnte nie bewiesen werden, da man keine Leiche fand. Der Entführer hatte sich wie von Zauberhand in Luft aufgelöst. Nach dem Abwägen verschiedenster Theorien stellte das FBI 2016 die Ermittlungen ein.

Dan Cooper wurde zum Volkshelden. Einem einzelnen Mann war es gelungen, das System mit Einfallsreichtum auszutricksen.

Lake Merwin

Lewis River

Route des Flugs 305 der Fluggesellschaft Northwest.

Gebiet, in dem Dan Cooper gelandet sein muss.

Columbia River

Gebiet, in dem ein Kind im Februar 1980 einen Teil des Lösegelds fand.

8 KM

Vancouver Lake

WASHINGTON

VANCOUVER

Columbia River

Washougal

Willamette River

PORTLAND

OREGON

KARTE DES GEBIETS, IN DEM DAN COOPER WAHRSCHEINLICH LANDETE.

SICHERHEITS-MASSNAHMEN

Eine der wichtigsten Folgen dieser Entführung war die weltweite Verbesserung der Sicherheitsmaßnahmen in Passagierflugzeugen und an Flughäfen.

DIE METALLDETEKTOREN AN DEN FLUGHÄFEN WURDEN ZUM ZENTRALEN ELEMENT DER FLUGSICHERHEIT.

FLUGZEUG-ENTFÜHRUNGEN

Trotz der Bemühungen auf dem Gebiet der Flugsicherung kam es im Jahr nach der Seattle-Entführung zu drei weiteren Entführungen an Bord einer Boeing 727. Sie liefen alle ähnlich ab wie die von Dan Cooper. Dies führte schließlich dazu, dass die Bundesluftfahrtbehörde eine spezielle Umrüstung für alle Boeings 727 anordnete.

DER SOGENANNTE COOPER-SICHERHEITS-HEBEL VERHINDERTE DIE ÖFFNUNG DES HECKAUSSTIEGS AM FLUGZEUG WÄHREND DES FLUGES.

FUND NACH NEUN JAHREN

Die einzige Spur, die Cooper hinterlassen hatte, wurde erst neun Jahre später entdeckt. 1980 fand ein Kind während eines Picknickausflugs ein Geldpaket. Darin befanden sich 5800 Dollar in bereits verrottenden 20-Dollar-Noten – ein Teil der ursprünglichen 200 000 Dollar, die Cooper erbeutet hatte. Der Rest des Geldes hingegen tauchte niemals auf.

nice-matin

NACHRICHTEN AUS SÜDOSTFRANKREICH UND KORSIKA

DIREKTION. REDAKTION. VERWALTUNG:
214 Boulevard du Mercantour
06290 Nizza Cedex 3 Frankreich

**EINE BANK IN NIZZA WIRD AUSGERAUBT.
DIE DIEBE HINTERLASSEN NUR EINE BOTSCHAFT AN DER WAND:**

„KEINE WAFFEN, KEINE GEWALT, KEIN HASS."

BANKRAUB DES JAHRHUNDERTS

ALBERT SPAGGIARI
ALIAS BERT

Albert Spaggiari wuchs in den französischen Alpen auf und beging schon früh kleinere Diebereien. Sein erster Raub soll ein Diamant für seine Verlobte gewesen sein. Er war nicht nur ein Kleinkrimineller, sondern offenbar auch romantisch veranlagt.

Als er erwachsen war, bereiste er die Welt auf der Suche nach Abenteuern. Den Krieg in Indochina erlebte er als Fallschirmspringer. Er war auch Mitglied einer illegalen bewaffneten Truppe, der französischen OAS (Organisation de l'armée secrète, auf Deutsch: „Organisation der geheimen Armee"). Seiner heimlichen Tätigkeit in der OAS verdankt Spaggiari einen Gefängnisaufenthalt.

POLIZEIBILD VON ALBERT SPAGGIARI AUS DER ZEIT, ALS ER MITGLIED DER ILLEGALEN ORGANISATION DER GEHEIMEN ARMEE WAR. DESWEGEN LANDETE ER IM GEFÄNGNIS.

WANN:	WO:	WER:	BEUTE:	URTEIL:
16.–20. JULI 1976	DIE BANK SOCIÉTÉ GÉNÉRALE IN NIZZA, FRANKREICH	ALBERT SPAGGIARI UND SEINE BANDE	EIN SACK MIT EINEM SCHÄTZWERT VON ZEHN MILLIONEN (HEUTIGER WERT IN EURO), IN FORM VON GELD UND JUWELEN	WÄHREND DER GERICHTSVERHANDLUNG SPRANG SPAGGIARI AUS DEM FENSTER UND FLÜCHTETE AUF EINEM MOTORRAD.

SITZ DER SOCIÉTÉ GÉNÉRALE IN NIZZA. WENIGE STUNDEN NACH BEKANNTWERDEN DES BANKRAUBS ERSCHIENEN DIE SCHLIESSFACHBESITZER IN DER NIEDERLASSUNG, UM SICH NACH IHREM EIGENTUM ZU ERKUNDIGEN.

DIE PLANUNG DES RAUBS

ABENTEUERLUST UND LANGEWEILE LIESSEN DEN EX-SOLDATEN ERFINDERISCH WERDEN.

EIN RUHIGES LEBEN

Nach seinem Gefängnis-aufenthalt führte Spaggiari Anfang der 1970er-Jahre ein ehrbares Leben in der Küstenstadt Nizza. Er besaß ein Fotostudio und wohnte mit seiner Frau in einem Haus in den Bergen. Die Ruhe und Normalität seines Lebens behagten ihm allerdings gar nicht und hielten auch nicht allzu lange an.

DIE IDEE

Bei einem Abendessen erzählte ihm ein Freund, der bei der Bank Société Générale in Nizza arbeitete, ganz ohne Hintergedanken, dass die Kanalisation bis unter den Tresorraum der Bank führte.

ERST MIT DER ZEIT WURDE SPAGGIARIS ARGLOSEM FREUND KLAR, WELCHE ENORMEN KONSEQUENZEN SEIN UNBEDARFTER KOMMENTAR BEIM ABENDESSEN HATTE.

Da ging mit Spaggiari die Fantasie durch: Er heckte einen Plan für den Bankraub des Jahrhunderts aus. Seine Idee war, den Boden des Tresorraums von der Kanalisation aus aufzubrechen. Mit einem derartigen Einbruch von einem Tunnel aus würde niemand rechnen.

||||||||||||||||||||||||||||||||||||||||||||||||||

DER TUNNEL FÜHRTE, AUSGEHEND VON DER PLACE MASSENA, BIS ZUM GEBÄUDE DER SOCIÉTÉ GÉNÉRALE IN NIZZA. DER GANG UNTERQUERTE DABEI ZWEI STRASSEN DER STADT.

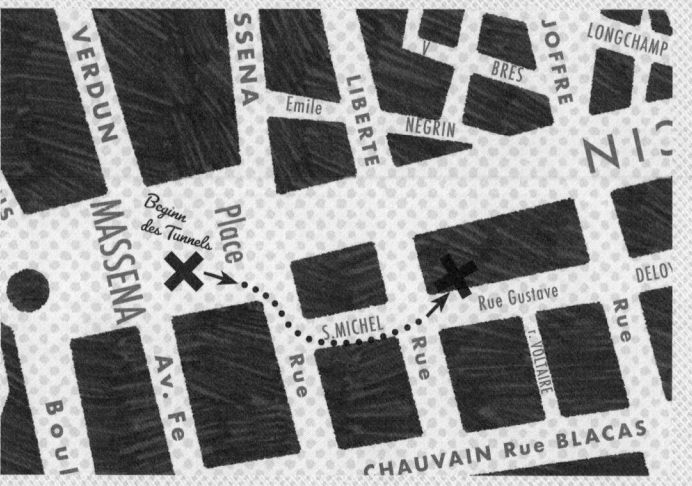

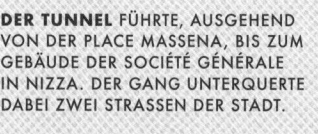

AUSGEHEND VOM KANALISATIONSNETZ PLANTE DIE BANDE EINEN TUNNEL VON 13 METERN LÄNGE, DEN SIE INNERHALB VON ZWEI MONATEN VON HAND AUSHOB.

DER ABLAUF DES RAUBS
DER EINBRUCH GING VON DER KANALISATION AUS

1. DIE SICHERHEIT

Zuerst überprüfte Spaggiari, ob die empfindlichen Sicherheitssysteme des Tresorraums den Lärm beim Eindringen registrieren würden.

Dazu mietete er ein Schließfach in der Bank und legte einen lauten Wecker hinein. Er sollte in der Nacht klingeln.

Durch den Krach und das Vibrieren des Weckers wurde jedoch kein Alarm ausgelöst.

Der als „uneinnehmbar" geltende Tresorraum hatte gar keine eigene Sicherheitsanlage. Spaggiaris Plan konnte also funktionieren – der Weg war frei.

ES KOSTETE IHN KAUM MÜHE, ZUSAMMEN MIT 20 KRIMINELLEN EINEN PLAN AUSZUHECKEN.

2. DIE BANDE

Spaggiari warb die Mitglieder seines Teams an: Er kontaktierte die Mafia von Marseille sowie alte Kollegen der illegalen Organisation, der er vor seinem Gefängnisaufenthalt angehört hatte.

3. EIN TUNNEL IN DEN ABWASSERKANÄLEN

Im Lauf von zwei Monaten grub die Bande einen 13 Meter langen Tunnel von der Kanalisation aus, eine überlriechende und harte Arbeit. Die Diebe zogen schweres Gerät durch die Kanäle und arbeiteten unter Spaggiaris strikter militärischer Disziplin an einem perfekten Plan.

4. ANKUNFT IM TRESORRAUM

Am 16. Juli durchbrachen sie den Boden des Tresorraums. Es war Wochenende und die Bank war geschlossen, sodass sie die Kammer nicht in Windeseile ausräumen mussten, sondern sich Zeit lassen konnten.

Während sie die Schließfächer begutachteten und auswählten, was sie mitnehmen wollten, feierten sie mit edler Pastete, Käse und französischem Wein. Es war ein vergnüglicher Wochenendeinbruch.

ZWEIFELLOS MACHTEN SPAGGIARIS VORGEHENSWEISE UND SEIN BISSIGER HUMOR DIESEN COUP ZU EINEM MEISTERWERK.

5. AUSWAHL DER BEUTE

Spaggiari befahl, die Fächer mit wenig Geld oder privaten Ersparnissen nicht anzurühren. Einfache Leute waren nicht das Ziel seiner Tat. Aber kompromittierende Fotos mächtiger Leute wurden an die Wände des Tresorraums gehängt, damit sie jeder sehen konnte und die Welt davon erfahren würde.

6. DIE FLUCHT

Am Montag verließen Spaggiari und seine Bande den vollständig leer geräumten Tresorraum, kurz bevor die Bank geöffnet wurde. An der Wand hinterließen sie die Nachricht „Keine Waffen, keine Gewalt, kein Hass".

DIE EINBRECHER STIMMTEN ÜBER DEN SPRUCH AN DER WAND DES TRESORRAUMS AB.

Die Beute wurde sorgfältig in Taschen verpackt und auf Flößen durch die Abwasserkanäle bis zum Ausstieg transportiert. Die Bande hinterließ weder Fingerabdrücke noch andere Spuren für die Polizei.

SPAGGIARIS HUMOR UND RUHE SORGTEN FÜR EINEN ENTSPANNTEN AUFENTHALT IM TRESORRAUM. DORT SPEISTEN DIE EINBRECHER SOGAR DELIKATESSEN UND TRANKEN WEIN.

SPAGGIARI WAR FÜR SEIN DAUERLÄCHELN BEKANNT. ER BEHIELT ES WÄHREND DER GERICHTSVERHANDLUNG BEI.

DIE ARBEIT DER POLIZEI & URTEIL

SPAGGIARI WAR EIN BESONDERER TYP, DER EINEN EINBRUCH IN EIN ABENTEUER VERWANDELN KONNTE.

Es existieren verschiedene Aussagen darüber, welche Spur die Polizei schließlich zu Spaggiari führte. Aber dem Ex-Soldaten machte seine Verhaftung nichts aus. Während der Verhandlung lachte er über die Richter, erzählte absurde Geschichten und erfand fantastische Erlebnisse. Er brachte alles durcheinander und genoss die Show, bis er eines Tages mitten in der Verhandlung aus dem Fenster sprang, auf einem Auto landete und dann auf einem Motorrad floh.

EIN KOMPLIZE ERWARTETE IHN AUF DER STRASSE MIT DEM MOTORRAD.

DER FILM

Der französische Film *Der Coup von Nizza* (1971, Regie von José Giovanni) erzählt das faszinierende Abenteuer des Albert Spaggiari.

AUF DER FLUCHT

Spaggiari wurde nie verhaftet. Er genoss das Abenteuer, gab geheime Interviews, schrieb ein Buch und verkehrte mit anderen berühmten Verbrechern, die wie er auf der Flucht waren und von der Justiz gesucht wurden. In einem Interview gestand er, dass ihn das Geld der Bank nie interessiert hatte, sondern dass es ihm allein um die Durchführung des Einbruchs und die Verspottung der Justiz gegangen sei.

WÄHREND DER VERHANDLUNG SPAZIERTE ER DURCH DEN SAAL, GAB LÄCHERLICHE ANTWORTEN AUF ALLE FRAGEN UND ERZÄHLTE VERRÜCKTE GESCHICHTEN, IN DENEN ER LÜGEN UND WAHRHEIT VERMENGTE.

Es war eine „Blitzflucht". Weder Albert Spaggiari noch seine Frau wurden jemals wiedergesehen. Auch sein Teil der üppigen Beute, die alle Rekorde sprengte, blieb für immer verschwunden.

SPAGGIARI WAR EIN MODER-
NER ROBIN HOOD. ER SCHICKTE
DEM BESITZER DES AUTOS, AUF
DEM ER BEI SEINEM SPRUNG
GELANDET WAR, 5000 FRANCS.

EL PAÍS

AUSGABE MADRID — UNABHÄNGIGE TAGESZEITUNG — 28. JULI 1989

WACHMANN EINER SECURITY-FIRMA STIEHLT GELDTRANSPORTER MIT 320 MILLIONEN PESETEN

FLUCHT INS PARADIES

IM LAUF EINER NACHT WIRD AUS EINEM UNBEKANNTEN GELDTRANSPORTFAHRER EL DIONI – DER REICHSTE UND BERÜHMTESTE FLÜCHTIGE SPANIENS.

WANN:
28. JULI 1989

WO:
MADRID, SPANIEN

WER:
DIONISIO RODRÍGUEZ MARTÍN, SPITZNAME EL DIONI

BEUTE:
320 MILLIONEN PESETEN, (1,92 MILLIONEN EURO)

URTEIL:
DER WIDERRECHTLICHEN ANEIGNUNG ANGEKLAGT; GEFÄNGNISSTRAFE: DREI JAHRE UND VIER MONATE

DER GELD-TRANSPORTER DER FIRMA CANDI S.A., FÜR DIE EL DIONI AM 28. JULI 1989 ALS WACHMANN ARBEITETE.

DIE PLANUNG DES RAUBS

DIONISIO RODRÍGUEZ MARTÍN
ALIAS EL DIONI

EL DIONI WAR EIN ENGAGIERTER JUNGER MANN. ER WOLLTE GUTES TUN UND DER GESELLSCHAFT UND DEM GESETZ DIENEN.

El Dioni begann seine Karriere als Wachmann, wurde aber dank seiner Tatkraft und des großen Engagements bald befördert. Schließlich wurde er Personenschützer.

BEGLEITSCHUTZ

El Dioni galt als einer der besten Bodyguards des Landes. Eines Tages starb einer seiner Klienten bei einem Unfall unter eigenartigen Umständen. El Dionis Ruf litt darunter. Sein Chef versetzte ihn daraufhin umgehend auf einen Posten als Fahrer.

CAFÉ VALLE DEL NARCEA

Das war ein schwerer Schlag für ihn. Mit allen Mitteln versuchte El Dioni, seine frühere Position wiederzuerlangen, hatte aber keinen Erfolg.

Er war sehr wütend darüber und soll eines Tages im Café Valle del Narcea seinen Freunden erzählt haben, dass er vorhabe, einen Geldtransporter zu stehlen. So wollte er persönlich für Gerechtigkeit sorgen.

AM STEUER EINES GELD-TRANSPORTERS

Seine neue Aufgabe sah vor, Geldtransporter der Firma durch die Stadt zu fahren. Als Bodyguard hatte er zuvor 250 000 Peseten verdient und einen eleganten Anzug getragen. Nun bekam er 70 000 Peseten und musste eine blaue Fahreruniform anziehen.

> **EL DIONI WAR SEHR WÜTEND UND SOLL SEINEN FREUNDEN ERZÄHLT HABEN, DASS ER VORHABE, EINEN GELDTRANSPORTER ZU STEHLEN.**

NACH FEIERABEND GING EL DIONI FÜR GEWÖHNLICH AUF EINEN ODER MEHRERE DRINKS IN EINE BAR.

DER ABLAUF DES RAUBS

1. DIE ROUTE

Am Nachmittag des 28. Juli 1989 arbeitete El Dioni mit zwei Kollegen von Candi. Sie fuhren ihre Route ab und sammelten die Geldkassetten der Kunden ein. Im Transporter war nicht mehr Geld als sonst. Am Vortag hatten sie doppelt so viel Geld transportiert – vermutlich war es also ein spontaner Raub.

2. DER COUP

An der letzten Haltestelle, als seine Kollegen gerade dabei waren, die Geldkassette einer Konditorei abzuholen, drückte El Dioni das Gaspedal durch und fuhr einfach los.

EIN SEHR EFFEKTIVER COUP: ER LIESS SEINE ARBEITSKOLLEGEN EINFACH STEHEN UND FUHR MIT DEM GELDTRANSPORTER DAVON.

EL DIONI SCHNAPPTE SICH DEN TRANSPORTER AM PARKPLATZ VOR DER KONDITOREI MALLORCA IN DER CALLE DE ALBERTO ALCOCER IN MADRID. DANN FUHR ER ZWISCHEN 19.15 UHR UND 19.45 UHR DIE 700 METER BIS ZUR CALLE MAESTRO LASSALLE. DORT HATTE ER SEIN AUTO, EINEN BLAUEN AUDI 80 MIT DEM KFZ-KENNZEICHEN M-7682-DG, GEPARKT.

3. FLUCHT DURCH MADRID

Der Ex-Bodyguard fuhr von der Innenstadt Madrids bis zu seinem Auto. Die Firma versuchte, ihn über Funk zu erreichen. Sein Herz klopfte wie wild, aber er ignorierte die Anrufe und folgte weiter seinem Plan.

ALS ER AN SEINEM AUTO ANKAM, LEGTE ER DIE 320 MILLIONEN PESETEN IN DEN KOFFERRAUM UND LIESS DEN GELDTRANSPORTER EINFACH STEHEN.

4. DIE KOMPLIZEN

Seine Komplizen erwarteten ihn in der Kfz-Verwahrstelle: Jesús Arrondo (alias Cocoliso, V-Mann in der terroristischen Vereinigung ETA), Miguel Ángel Dueñas (ein Freund) und Jorge Medina (alias Patagón, ein Angehöriger des spanischen Militärgeheimdienstes).

SCHNELL TEILTEN SIE DIE MILLIONEN AUF UND TRENNTEN SICH WIEDER.

5. DAS VERSTECK

Während der folgenden zwei Wochen versteckte sich El Dioni im Haus eines Freundes der Familie. Die Nachricht über den Diebstahl wurde in sämtlichen Medien des Landes verbreitet. Über Nacht verwandelte sich El Dioni von einem unbekannten Angestellten in Spaniens meistgesuchten Flüchtigen.

DIE FIRMA MUSSTE SCHLIESSEN, WÄHREND EL DIONI IN SEINEM VERSTECK MIT CHAMPAGNER UND KAVIAR FEIERTE.

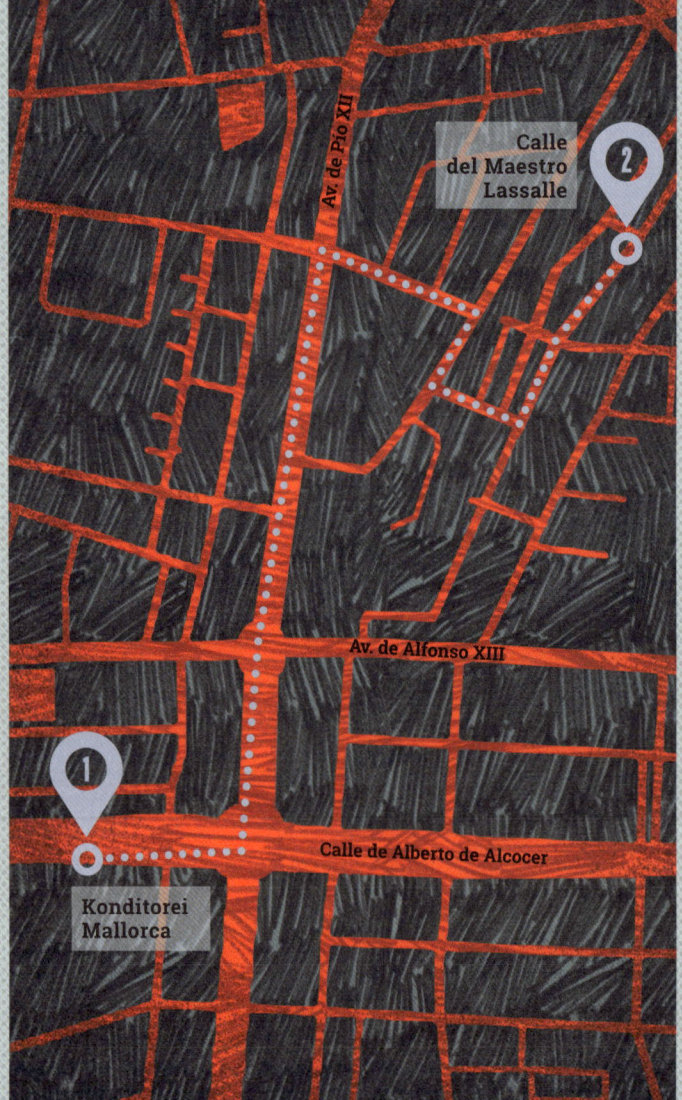

Av de Pío XII

Calle del Maestro Lassalle ②

Av. de Alfonso XIII

①

Calle de Alberto de Alcocer

Konditorei Mallorca

6. NEUES LEBEN IN BRASILIEN

Als sich die Lage etwas beruhigt hatte, setzte sich El Dioni nach Brasilien ab.

Dort trug er ein Toupet und begann ein neues Leben. Er wohnte im Hotel Barra Palace in Río de Janeiro, flog ein Sportflugzeug, speiste in den besten Restaurants und fuhr eine große Limousine.

EL DIONI WAR EIN SPASSVOGEL, DER DEN TRAUM EINES JEDEN ARBEITERS LEBTE.

AUSBLICK AUS SEINEM ZIMMER DES HOTELS BARRA PALACE IN RÍO DE JANEIRO.

DIE ARBEIT DER POLIZEI

ZEITUNGS-AUSSCHNITTE

Sein exzessiver Lebensstil fiel irgendwann auf, bald begann die brasilianische Polizei zu ermitteln. In seinem Hotelzimmer entdeckte sie Schmuggelware, zwei Pistolen und Zeitungsausschnitte, die El Dioni aufgehoben hatte. Darin standen Berichte über den Diebstahl des Geldtransporters.

EL DIONI WURDE AUFGESPÜRT.

DIE POLIZEI FAND DIE ZEITUNGSAUSSCHNITTE, DIE EL DIONI IN SEINEM HOTELZIMMER AUFBEWAHRTE.

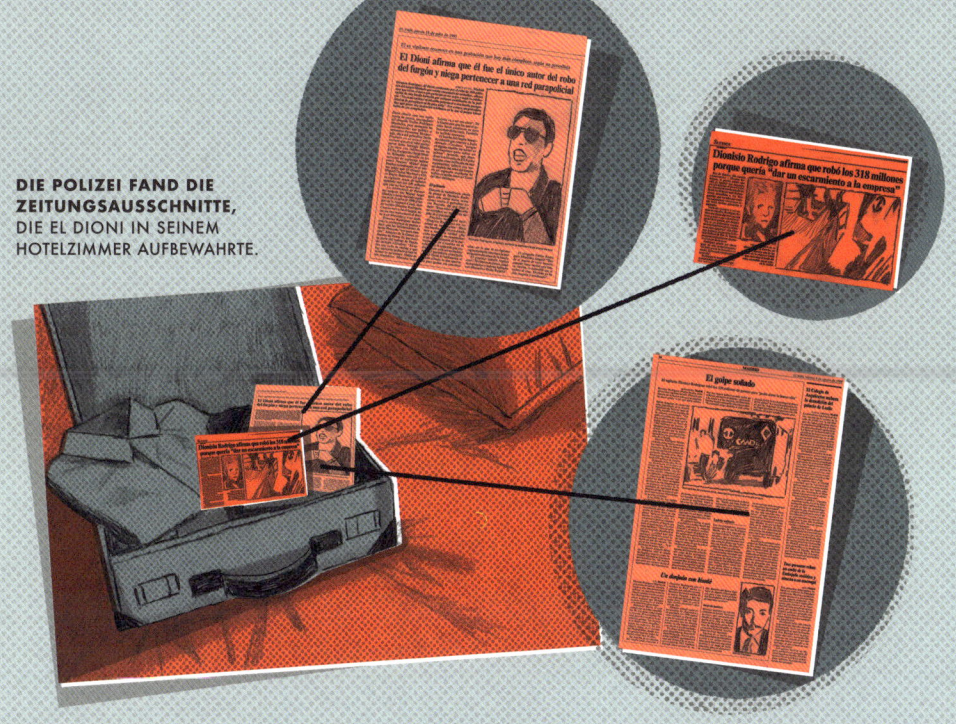

SE BUSCA

POLICIA NACIONAL

📞 TLFN. 091

DIONISIO RODRIGUEZ MARTIN

GEFÄNGNIS IN BRASILIEN

Die brasilianischen Polizisten wollten sein Geld, aber El Dioni versicherte, dass es in Spanien sei. Das rettete ihm vielleicht das Leben.

AM 19. SEPTEMBER 1989 BETRAT DER ZU DEM ZEITPUNKT BERÜHMTESTE FLÜCHTIGE DER WELT EIN BRASILIANISCHES GEFÄNGNIS.

Er kam in Haft und wurde zehn Monate später an Spanien ausgeliefert.

WIEDER DAHEIM

Auf dem Flug nach Spanien teilte der Kapitän den Fluggästen mit, dass El Dioni „nach Hause gebracht" würde. Das löste stürmischen Beifall aus.

SPANIEN EMPFING IHN WIE EINEN HELDEN.

Seine Gefängniszelle in Spanien betrat El Dioni unter dem Applaus der anderen Gefangenen. Er war zu einem Antihelden geworden – zum Idol der Ausgestoßenen.

URTEIL

El Dioni erhielt ein mildes Urteil. Seine Geschichte war zwar voller Schwächen, doch er hatte den Geldtransporter ohne Gewaltanwendung gestohlen und niemanden verletzt.

WEGEN WIDERRECHTLICHER ANEIGNUNG WURDE EL DIONI ZU DREI JAHREN UND VIER MONATEN VERURTEILT.

EL DIONI BEI SEINER RÜCKKEHR NACH SPANIEN, BEWACHT VON ZWEI BEAMTEN.

140 MILLONEN PESETEN VERSCHWUNDEN

El Dioni versicherte, den Coup im Alleingang durchgeführt zu haben. Er übernahm die Verantwortung und gab an, nichts von seinen Freunden oder über den Verbleib der verschwundenen 140 Millionen zu wissen.

Die Polizei konnte nur den Teil der Beute finden, den Miguel Ángel Dueñas im doppelten Boden seines Schranks verwahrt hatte. Vom Rest des Geldes fehlte jede Spur.

Der Ex-Bodyguard hatte noch zwei weitere Freunde: Jesús Arrondo war bei einem eigenartigen Unfall zu Tode gekommen und Jorge Medina war mit seinem Teil der Beute auf Nimmerwiedersehen verschwunden.

Später erzählte El Dioni, dass Medina der schlaueste der Beteiligten gewesen sei.

ENTLASSUNG AUS DEM GEFÄNGNIS

Im Mai 1995 wurde El Dioni auf Bewährung entlassen, nachdem er drei Viertel seiner Strafe abgesessen hatte.

Er versicherte glaubhaft, völlig mittellos zu sein, und musste deshalb die verschwundenen 140 Millionen nicht zurückzahlen.

El Dioni war zum Volkshelden geworden: Die Leute baten ihn um Autogramme, die er lächelnd und ohne erkennbare Reue über den Diebstahl gab.

„ER WÜRDE DAS VERBRECHEN WIEDER BEGEHEN, DENN DIEJENIGEN, DIE EIN VORBILD AN EHRLICHKEIT SEIN SOLLTEN, ANIMIEREN EHER ZUM DIEBSTAHL."

The Boston Globe

Sonntag, 18. März 1990

LEGENDÄRER KUNSTRAUB
IM ISABELLA STEWART GARDNER MUSEUM

ALS POLIZISTEN VERKLEIDET ENTWENDEN ZWEI DIEBE 13 KUNSTWERKE IM WERT VON 500 MILLIONEN DOLLAR.

DAS FBI KONNTE DEN WAHRSCHEINLICH GRÖSSTEN KUNSTRAUB IN DER GESCHICHTE DER USA BIS HEUTE NICHT AUFKLÄREN.

DAS ISABELLA STEWART GARDNER MUSEUM IN BOSTON. AN DER LEEREN STELLE HING EIN BERÜHMTES WERK DES NIEDERLÄNDISCHEN MALERS REMBRANDT.

WANN:	**WO:**	**WER:**	**BEUTE:**	**URTEIL:**
18. MÄRZ 1990	ISABELLA STEWART GARDNER MUSEUM IN BOSTON, USA	ZWEI GEHEIMNISVOLLE DIEBE	13 KUNSTWERKE MIT EINEM SCHÄTZWERT VON 500 MILLIONEN DOLLAR	ES GAB KEIN URTEIL. DAS FBI FAND NIE HERAUS, WER DIE DIEBE WAREN.

DAS MUSEUM IN BOSTON

BILDNIS DER AMERIKANISCHEN KUNSTSAMMLERIN ISABELLA STEWART GARDNER (1840–1924)

DIE GEMÄLDE, SKULPTUREN, GOBELINS, MÖBEL UND JUWELEN STELLTEN IN DEN AUGEN DER DIEBE EINE UNWIDERSTEHLICHE VERSUCHUNG DAR.

Isabella Stewart Gardner war eine außerordentliche, fortschrittliche Frau. Sie hatte eine gute Ausbildung genossen und war rund um die Welt gereist.

Auf einer Reise durch Italien freundete sie sich mit großen Künstlern an, die ihre Leidenschaft für Kunst weckten. Als Isabella, inspiriert von ihren unvergesslichen Erlebnissen in Italien, in die Vereinigten Staaten zurückkehrte, verwandelte sie ihre Villa in Boston in ein Museum im Renaissancestil.

Das von Isabella Stewart Gardner eröffnete Museum wurde schon bald für sein wohnliches Ambiente und die hervorragende Auswahl an Werken europäischer, amerikanischer und asiatischer Künstler gerühmt.

DIE PLANUNG DES RAUBS

DIE PERFEKT GEPLANTE DURCHFÜHRUNG DES COUPS LIEFERTE DER POLIZEI KAUM INDIZIEN.

Die wenigen von den Dieben hinterlassenen Spuren gaben den Ermittlern keine Hinweise, wie der Diebstahl geplant worden war. Doch die Polizei verkündete, dass es wohl monatelange Vorbereitungen gegeben haben müsste. Die Übeltäter kannten das Museum und vor allem dessen ultramoderne Sicherheitssysteme bis ins letzte Detail.

DER MUSEUMSBAU WURDE VON RENAISSANCE-PALÄSTEN INSPIRIERT.

DER ABLAUF DES RAUBS

IN EINER MÄRZNACHT KLOPFTEN ZWEI ALS POLIZISTEN VERKLEIDETE RÄUBER AN DIE MUSEUMSTÜR.

CHRISTUS IM STURM AUF DEM SEE GENEZARETH (REMBRANDT)

1. EIN FALSCHER VORFALL

Kurz nach Mitternacht klopften zwei Polizeibeamte an die Tür des Isabella Stewart Gardner Museums. Sie gaben an, ein „verdächtiges Geräusch" gehört zu haben, und wollten nun das Museum betreten, um zu prüfen, ob alles in Ordnung sei.

Der junge und leichtgläubige Wachmann Richard Abath zweifelte nicht an der Geschichte der beiden Polizisten.

Wer hätte beim Anblick der uniformierten Beamten schon Verdacht geschöpft? Deshalb ignorierte Abath sämtliche Sicherheitsprotokolle und ließ die Polizisten eintreten.

2. „DIES IST EIN ÜBERFALL"

Kaum im Gebäude, zückten die angeblichen Polizisten ihre Pistolen und enthüllten vor den beiden Museumswächtern ihre wahren Absichten.

3. GEFESSELT IM KELLER

Die Diebe brachten die Wachleute in den Keller des Museums. Dort fesselten sie sie mit Klebeband an die Heizungsrohre und knebelten sie. Das erste Hindernis war überwunden.

4. FREIE BAHN

Anschließend entschärften die Banditen die hochmodernen Sicherheitssysteme. Sie deckten die Überwachungskameras ab und bewegten sich ungestört ganze 81 Minuten lang durch die Säle des Museums. In aller Ruhe konnten sie die Objekte auswählen, die sie stehlen wollten.

DAS KONZERT (JOHANNES VERMEER)

IN POLIZEIUNIFORM UND MIT FALSCHEN SCHNURRBÄRTEN GETARNT TÄUSCHTEN DIE BEIDEN DIEBE DEN MUSEUMSWÄCHTER.

CHEZ TORTONI (ÉDOUARD MANET)

EINE DAME UND EIN HERR IN SCHWARZ
(REMBRANDT)

5. HOLLÄNDISCHER SAAL

Der Holländische Saal im ersten Stock war das erste Ziel. Die Diebe hängten mehrere Bilder ab und entfernten die Rahmen. Einige Gemälde wurden rücksichtslos zerschnitten, um sie aus ihren schweren Rahmen herauszulösen.

Die Diebe ließen die Rahmen zurück, nahmen die Leinwände mit und machten sich auf den Weg zum nächsten Saal. Aus dem Holländischen Saal stahlen sie sechs Werke:

Drei Werke von Rembrandt: das berühmte Bild *Christus im Sturm auf dem See Genezareth* (das einzige Meeresbild des Künstlers), *Eine Dame und ein Herr in Schwarz* und ein Selbstporträt des Künstlers, das kaum größer als eine Briefmarke war.

Ein Bild von Vermeer: *Das Konzert*, eines der 36 anerkannten Werke des Künstlers.

Ein Gemälde von Flinck: *Landschaft mit Obelisk*, ein Werk, das bis 1970 Rembrandt zugeschrieben worden war.

Ein Ku (rituelles chinesisches Bronzegefäß): ein Werk aus dem 12. Jahrhundert vor Christus, das aus der Beute heraussticht.

6. KURZE GALERIE

Als Nächstes betraten die Diebe die Kurze Galerie, einen schmalen Gang, der ebenfalls im ersten Stock des Museums liegt.

Um dorthin zu gelangen, mussten sie die Säle der italienischen Meister durchqueren. Unerklärlicherweise marschierten sie dabei an italienischen Gemälden von unschätzbarem Wert vorbei, ohne ein einziges mitzunehmen. Zielstrebig steuerten sie die Kurze Galerie an, wo sie ebenfalls mehrere Kunstwerke entwendeten:

Fünf Zeichnungen von Degas: drei zeigten Reiter zu Pferde, zwei waren Skizzen für das Programm einer Kunstveranstaltung.

Bronzestandarte in Adlerform von der Kaiserlichen Garde Napoleons: eine weitere ungewöhnliche Wahl der Diebe.

7. BLAUER SAAL

Der Blaue Saal war die dritte und letzte Station. Er befindet sich im Erdgeschoss und enthält große Werke amerikanischer und französischer Künstler wie Sargent, Delacroix, Corot oder Courbet. Doch die Diebe nahmen hier nur ein kleines Bild mit:

Ein Ölgemälde von Manet: *Chez Tortoni*, Porträt eines Herrn in einem Pariser Café.

SELTSAMERWEISE WAR DIESER BILDERRAHMEN DER EINZIGE, DEN DIE DIEBE NICHT IM SAAL ZURÜCKLIESSEN. SIE STELLTEN IHN HERAUSFORDERND AUF DEN STUHL IM BÜRO DES SECURITY-CHEFS.

8. DIE FLUCHT

Erstaunlich war auch, dass die Kriminellen nicht in den zweiten Stock hinaufgingen, wo eins der Meisterwerke des Museums hängt: *Der Raub der Europa* des venezianischen Malers Tizian.

Die Diebe verließen die Ausstellungsräume und nahmen noch die Überwachungsvideos sowie die Berichte der Bewegungsmelder mit.

Innerhalb von 81 Minuten hatten sie das Museum ausgeraubt. Um 2.45 Uhr morgens verließen sie getrennt das Gebäude und verschwanden für immer.

LANDSCHAFT MIT OBELISK
(GOVAERT FLINCK)

AM MORGEN DES 18. MÄRZ 1990 VERLIESSEN DIE DIEBE DAS MUSEUM UND TRENNTEN SICH. DIE GESTOHLENEN KUNSTWERKE TRANSPORTIERTEN SIE IN ZWEI LIEFERWAGEN UND VERSCHWANDEN DAMIT FÜR IMMER.

DIE ARBEIT DER POLIZEI

BEI TAGESANBRUCH

Der Überfall wurde erst um acht Uhr am folgenden Morgen entdeckt, als das Wachpersonal der Tagesschicht im Keller ihre gefesselten und geknebelten Kollegen fand.

DIE WACHLEUTE HATTEN DIE SCHLIMMSTE NACHT IHRES LEBENS HINTER SICH – UND DAS MUSEUM WAR SCHAUPLATZ DES GRÖSSTEN KUNSTRAUBS DER USA GEWESEN.

DIE SPUR DER BEWEGUNGS- MELDER

Als die echte Polizei im Museum ankam, konnte sie nur die Berichte der Bewegungsmelder auswerten, die auf der Festplatte gespeichert waren. Die Diebe hatten nicht daran gedacht, sie zu löschen. Weitere Spuren existierten nicht.

DEN KRIMINELLEN WAR EIN EINDRUCKSVOLLER COUP MIT EINER GESCHÄTZTEN BEUTE IM WERT VON ÜBER 500 MILLIONEN DOLLAR GELUNGEN.

PROFESSIONELLE RÄUBER

Das exakte Wissen um die Alarmanlage und die gesamte Vorgehensweise der Räuber ließen keinen Zweifel daran, dass es sich um professionelle Diebe handeln musste.

DIE EIGENARTIGE AUSWAHL DER WERKE UND DIE WENIG BEHUTSAME ART UND WEISE, WIE SIE DIE BILDER AUS DEN RAHMEN GELÖST HATTEN, LIESS DIE POLIZEI VERMUTEN, DASS DIE DIEBE KEINE KUNSTEXPERTEN WAREN.

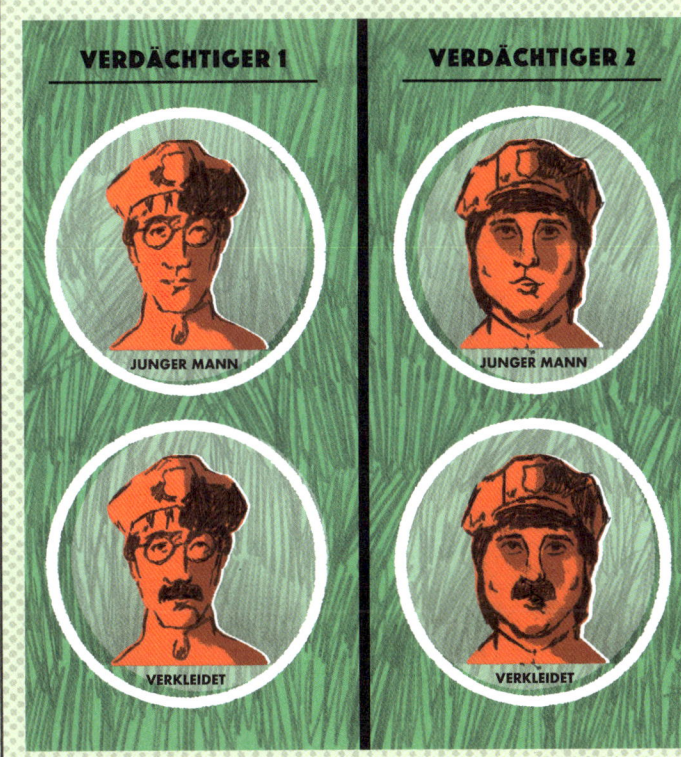

VERDÄCHTIGER 1 — VERDÄCHTIGER 2

JUNGER MANN — JUNGER MANN

VERKLEIDET — VERKLEIDET

EIN GROSSES RÄTSEL

War die Mafia an dem Raub beteiligt? War es eine Auftragsarbeit gewesen? Gab es eine Liste mit Werken, die sie stehlen sollten, oder hatten sie sie selbst ausgewählt? Warum nahmen sie die bedeutendsten Werke des Museums, die Bilder der italienischen Künstler, nicht mit? War es ein spontaner Einfall gewesen, die Ku-Vase und die Adlerstandarte einzupacken?

DIE POLIZEI SAH SICH MIT VIELEN FRAGEN KONFRONTIERT, AUF DIE SIE ALLERDINGS KEINE ANTWORTEN FAND.

DIE BELOHNUNG

Da es kaum Spuren gab und nur eine sehr geringe Chance, die Werke wiederzuerlangen, drängte man das Museum dazu, eine umfangreiche Belohnung für Hinweise auszusetzen.

DAS MUSEUM STELLTE FÜR INFORMATIONEN, DIE ZUR WIEDERBESCHAFFUNG DER WERKE FÜHRTEN, EINE BELOHNUNG VON FÜNF MILLIONEN DOLLAR IN AUSSICHT. 2017 WURDE DIE SUMME VERDOPPELT. ALLERDINGS WAR DIE ZAHLUNG BIS ZUM JAHRESENDE BEFRISTET.

Lange Zeit blieben die Ausstellungsflächen der geraubten Kunstwerke leer – als Symbol der Hoffnung. Aber mit dieser Geste hatte man keinen Erfolg.

DAS SCHEITERN DER POLIZEI

Drei Jahrzehnte später sind die Identität und der Aufenthaltsort der Verbrecher noch immer unbekannt.

DIESER COUP, DER RAUB VON WERKEN MIT KÜNSTLERISCH UNSCHÄTZBAREM WERT, GILT ALS EINES DER RÄTSELHAFTESTEN VERBRECHEN DER WELT.

The New York Times

VOL. CLXVI . . . Nr. 57.674   New York, Donnerstag, 30. Juni 1994 $6,00

EIN JUNGER RUSSISCHER MATHEMATIKER SETZT EINE GROSSBANK SCHACHMATT

HACKERANGRIFF AUF DIE CITIBANK

DIE PLANUNG DES RAUBS

EIN HACKER TRICKST DIE SICHERHEITSABTEILUNG DER BANK AUS.

VLADIMIR LEVIN

VLADIMIR LEVIN ALS STUDENT AN DER UNIVERSITÄT VON ST. PETERSBURG.

Levin studierte Biochemie und Mathematik an der Universität von St. Petersburg und kannte sich bestens mit Computern aus. Er zögerte keinen Moment, sein Talent einzusetzen, um die Sicherheitssysteme mehrerer Banken auf der ganzen Welt auszuhebeln. Stundenlang probierte er Strategien und Kombinationen aus, mit denen sich die Sperren überlisten ließen.

WANN:	WO:	WER:	BEUTE:	URTEIL:
JUNI 1994	DER HACKER GREIFT VON SEINEM RECHNER IN ST. PETERSBURG, RUSSLAND, AUS AN.	VLADIMIR LEVIN UND SEINE HACKERBANDE	10,7 MILLIONEN DOLLAR	LEVIN KAM DREI JAHRE IN HAFT UND MUSSTE 240 015 DOLLAR AN DIE CITIBANK ZURÜCKZAHLEN.

DIE NIEDERLASSUNG DER **CITIBANK IN NEW YORK**

DER ABLAUF DES RAUBS

VON SEINEM BÜRO AUS ATTACKIERTE DER JUNGE MANN DIE GROSSBANK – NUR MIT RECHNER UND MODEM „BEWAFFNET".

FIRMENSITZ VON AO SATURN IN ST. PETERSBURG. VON EINEM BÜRO DIESER FIRMA AUS STARTETE VLADIMIR LEVIN 1994 SEINE ANGRIFFE AUF DIE BANK.

1. UNTERNEHMEN AO SATURN

Levin startete seine Attacke auf die Bank von seinem Büro bei der Firma AO Saturn in St. Petersburg aus. Dort arbeitete er an einem Computer mit Internetanschluss.

Heimlich und unermüdlich verfeinerte der unauffällige junge Mann seine Methode, mit der er die Sicherheitssysteme der Banken austricksen konnte.

2. LISTE MIT KONTO-NUMMERN UND KENNWÖRTERN

Nachdem er unzählige Stunden investiert hatte, war er endlich erfolgreich in das Sicherheits-system der Citibank eingedrungen! Anschließend lud er eine Liste mit gut gefüllten Girokonten und Passwörtern herunter und überwies ohne Probleme Geld von den Bankkunden auf sein eigenes Konto.

LEVIN HATTE EINEN GOLDESEL ENTDECKT.

DEM RUSSISCHEN HACKER, DER EINEN GANZ NORMALEN PC VERWENDETE, GELANG ES, DIE SICHERHEITSSPERREN EINES DER AUSGEKLÜGELTSTEN ZAHLUNGSSYSTEME DER WELT ZU ENTSCHLÜSSELN.

3. DIE HACKERBANDE

Der junge Mann, der sich der Möglichkeiten seines Coups bewusst war, gründete eine inter-nationale Hackerbande.

Levin wollte gleichzeitige Cyberangriffe aus verschiedenen Weltgegenden durchführen, um Geld von Konto zu Konto zu verschieben, bis sich die Spur zu ihm verloren hatte.

LEVIN GRÜNDETE EINE INTERNATIONALE HACKERBANDE UND SETZTE MIT SEINEN RAFFINIERTEN AKTIONEN EINE GROSSBANK SCHACHMATT.

4. GEHEIMKONTEN AUF DER WELT

Dem Hackernetz gelang es, Geld auf Konten in Argentinien, den USA, Finnland, Deutschland, den Niederlanden und Israel zu über-weisen. Im Lauf mehrerer Wochen stahlen sie mehr als zehn Millionen Dollar, ohne dazu auch nur von ihrem Stuhl aufstehen zu müssen.

DER CITIBANK WAR ZUM ZEITPUNKT DER CYBERATTACKE NICHT KLAR, DASS SIE GERADE AUSGERAUBT WURDE.

5. KRISE IN DER GROSSBANK

Levin und seine Kumpane bewiesen mit ihrer erfolgreichen Attacke, dass das Geld auf der Bank nicht sicher war. Die Citibank hatte den größten Angriff ihrer Geschichte erlitten und zeigte ihn bei der Polizei an.

6. DIE BEUTE

Keiner konnte nachvollziehen, wie viel Geld gestohlen worden und auf welchen Konten es gelandet war. Das von den Hackern erschaffene Datenlabyrinth verhinderte, dass das wahre Ausmaß bekannt wurde.

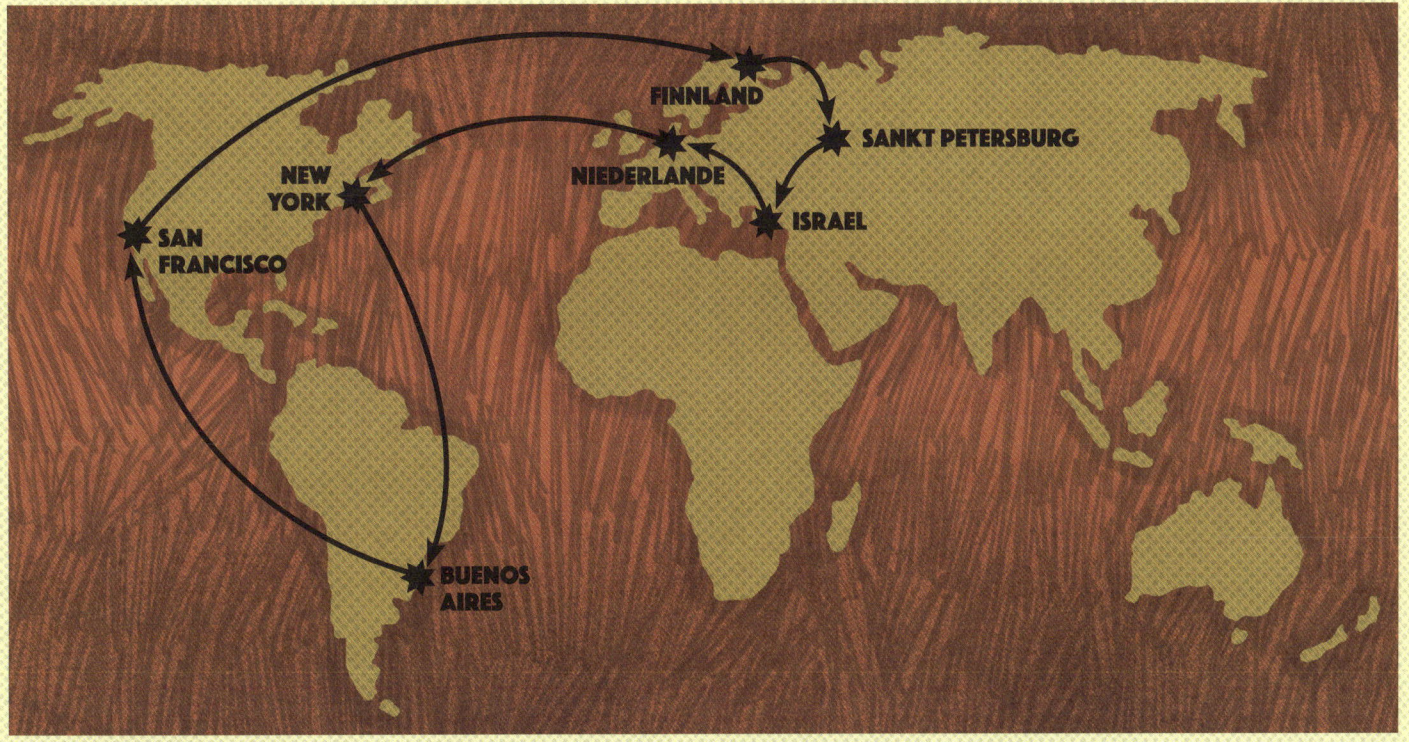

DIE HACKERBANDE ÜBERWIES DAS GELD AUF MEHRERE KONTEN IN DEN USA, FINNLAND, ARGENTINIEN, DEN NIEDERLANDEN, DEUTSCHLAND UND ISRAEL.

DIE ARBEIT DER POLIZEI

INTERPOL STELLTE EINE SPEZIALEINHEIT ZUSAMMEN, UM DIE BEWEGUNGEN DER BANDE VERFOLGEN UND DEREN MITGLIEDER VERHAFTEN ZU KÖNNEN. SIE ANALYSIERTEN DIE SPUREN DER HACKER-AKTIONEN IM DETAIL.

FESTNAHME

Interpol benötigte viele Monate, um den Kopf der Bande zu erwischen. Schließlich wurde Levin am Londoner Flughafen verhaftet, als er zu einer Videospiel-Convention flog.

LEVIN, DER ANFÜHRER DER BANDE, GAB SEINE SCHULD ZU.

URTEIL

Der junge Mann wurde in den USA vor Gericht gestellt und als Anführer des Hackerangriffs auf die Citibank angeklagt.

Obwohl man davon ausging, dass er zehn Millionen Dollar gestohlen hatte, wurde Levin nur zu drei Jahren Gefängnis verurteilt. Außerdem musste er 240 015 Dollar zurückzahlen – die Versicherungsunternehmen hatten den Großteil des entwendeten Geldes bereits ersetzt. Der Rest der Bande wurde ebenfalls geschnappt und verurteilt, ist inzwischen aber wieder frei.

BEDROHUNG DURCH HACKER

Hacker sind inzwischen eine echte Gefahr für Banken und andere große Unternehmen. Viele investieren Millionen in Sicherheitssysteme, um sich vor Cyberattacken zu schützen.

Aber es gelingt nicht immer, die Angreifer abzuwehren. Deshalb verfolgen die Firmen oft auch eine andere Strategie: Sie engagieren den Hacker, der sie eben noch angegriffen hat, für ihr eigenes Unternehmen.

STADT UND LAND

16. Februar 2003
www.gva.be

TAGESZEITUNG NR. 152 – PREIS: Belgien €2,50
Luxemburg €2,30 – Niederlande €3,20

GAZET VAN ANTWERPEN

DREISTER EINBRUCH INS DIAMANTENZENTRUM

LA SCUOLA DI TORINO (DIE TURINER SCHULE) ÜBERLISTET DAS BESTE SICHERHEITSSYSTEM DER WELT UND STIEHLT EDELSTEINE MIT EINEM GESCHÄTZTEN WERT VON 100 MILLIONEN DOLLAR.

WANN:
WOCHENENDE VOM 15.–16. FEBRUAR 2003

WO:
ANTWERPENER DIAMANTEN-ZENTRUM, BELGIEN

WER:
LEONARDO NOTARBARTOLO UND SEINE BANDE, BEKANNT ALS TURINER SCHULE

BEUTE:
100 MILLIONEN DOLLAR IN GOLD, DIAMANTEN UND JUWELEN

URTEIL:
NOTARBARTOLO WURDE ZU ZEHN JAHREN, DER REST DER BANDE ZU FÜNF JAHREN HAFT VERURTEILT.

DIE PLANUNG DES RAUBS

EIN VERTRAUENSWÜRDIGER HÄNDLER IM DIAMANTENVIERTEL

Das Antwerpener Diamantenviertel ist das Zentrum des weltweiten Diamantenhandels. Dort schneiden und schleifen die besten Spezialisten rund 80 Prozent der Edelsteine, die weltweit in den Handel kommen.

Im Jahr 2000 mietete Leonardo Notarbartolo ein Büro im Zentrum des berühmten Viertels und gab sich als ehrbarer Diamantenhändler aus.

Er verkehrte mit den führenden Köpfen des Diamantenhandels und trank Kaffee mit ihnen, um sie zu bestehlen, kaum dass er ihr Vertrauen erlangt hatte.

DAS REIZVOLLE ANGEBOT EINES MYSTERIÖSEN MANNES

Notarbartolo verkaufte gestohlene Steine an „Juweliere seines Vertrauens". Bis ihm eines Tages ein geheimnisvoller Händler, der die Machenschaften des Italieners kannte, ein Angebot machte:

„ICH MÖCHTE SIE FÜR DEN GRÖSSTEN DIAMANTENRAUB DER GESCHICHTE UNTER VERTRAG NEHMEN."

Der Vorschlag bestand darin, in den uneinnehmbaren Tresorraum des Antwerp World Diamond Centre einzudringen und Diamanten im Wert von 100 Millionen Dollar zu erbeuten.

LEONARDO NOTARBARTOLO
GERISSEN UND RAFFINIERT

Der Italiener war überzeugt davon, der geborene Dieb zu sein. Mit sechs Jahren bestahl er den schlafenden Milchmann seines Viertels und verfolgte seitdem eine Karriere als Verbrecher. Er war elegant und scharfsinnig. Mühelos gelang es ihm, das Vertrauen jedes Handelspartners zu erlangen, nur um ihm kurz darauf völlig skrupellos die kostbarsten Juwelen zu rauben.

NOTARBARTOLO SASS EINES TAGES IM CAFÉ IM DIAMANTENVIERTEL. EINER SEINER KONTAKTMÄNNER SETZTE SICH ZU IHM UND SCHLUG IHM DEN EINBRUCH DES JAHRHUNDERTS VOR.

DER ERSTE TEIL DES VERTRAGS

Für 100 000 Euro sollte er nur eine Frage beantworten: War es möglich, den Tresor des Diamantenzentrums auszurauben, den sichersten Ort in einem der sichersten Viertel auf der Welt? Für diese satte Prämie lohnte es sich, etwas nachzudenken!

EINE UNMÖGLICHE AUFGABE

Bevor er diese Herausforderung annahm, überprüfte Notarbartolo die Details des Kraftakts. Als Kunde getarnt betrat er den Tresorraum des Antwerpener Diamantenzentrums. Man kannte ihn im Viertel als ehrbaren Händler, er hatte ungehindert Zutritt.

Im Inneren fotografierte er dann mit einer versteckten Kamera sämtliche Details des Tresorraums. So würde er dem geheimnisvollen Unbekannten zeigen, dass ein Diebstahl unmöglich war.

DAS DIAMANTENZENTRUM GALT ALS EINE UNEINNEHMBARE FESTUNG

Der Tresorraum lag zwei Stockwerke unter der Erde. Er war von einer drei Tonnen schweren Tür, Bewegungsmeldern, Wärme- und Lichtsensoren, einem Codeschloss mit 100 Millionen Kombinationen und Kameras gesichert – also vollkommen unmöglich zu knacken.

DER NACHBAU DES TRESORRAUMS ERMÖGLICHTE DEN COUP

Sechs Monate später ließ der mysteriöse und rastlose Händler Notarbartolo eine überraschende Nachricht zukommen: Es war ihm gelungen, einen exakten Nachbau des Tresorraums des Diamantenzentrums in einer verlassenen Lagerhalle zu errichten.

Nun beauftragte der Händler Notarbartolo damit, die besten ihm bekannten Experten für diesen Coup zusammenzutrommeln, um den Raub durchzuführen.

Als die Gruppe komplett war, übten die Männer im Nachbau des Tresorraums, bis sie herausfanden, wie man hineinkam, ohne dabei einen Alarm auszulösen.

DIE SCHWERE TÜR WAR SO KONSTRUIERT, DASS SIE EINBRUCHSVERSUCHEN ZWÖLF STUNDEN LANG STANDHIELT.

LA SCUOLA DI TORINO

NOTARBARTOLO STIMMTE ZU UND VERSAMMELTE DIE EXPERTEN.

DIE AUSERWÄHLTEN GEHÖRTEN DER ITALIENISCHEN VERBRECHERBANDE „SCUOLA DI TORINO" AN.

Die „Turiner Schule" war eine Gruppe von Kriminellen – die besten Experten für Tunnel, Türschlösser und Alarmanlagen. Jedes Mitglied der Bande war „Meister" seines Fachs.

NOTARBARTOLO,
Leonardo

FINOTTO,
Ferdinando

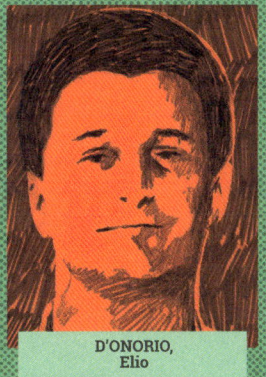
D'ONORIO,
Elio

TAVANO,
Pietro

UNBEKANNTER

LEONARDO NOTARBARTOLO

Ein eleganter Herr und meisterhafter Betrüger. Zwei Jahre lang spielte dieser Verbrecher aus Turin die Rolle des italienischen Diamanten-händlers im Antwerpener Diamantenviertel. Er war der Anführer der Truppe.

FERDINANDO FINOTTO DAS MONSTER

Groß und muskulös. Fingerfertiger Experte für Schlösser, Elektriker, Mechaniker und Fahrer. Der Kriminelle beging 1997 einen (gescheiter-ten) Bankraub – ein gutes Training für den Antwerpener Einbruch.

ELIO D'ONORIO DAS GENIE

Der Spezialist konnte sämtliche Alarmanlagen deaktivieren. Er tüftelte geniale Lösungen aus, um die komplizierten Sicherheitsanlagen des Antwerpener Diamantenzentrums auszutricksen.

PIETRO TAVANO SPEEDY

Der vom Pech Verfolgte hatte den Ruf, jeden Coup zu ruinieren. Aber er war Notarbartolos treuer Jugendfreund und Verbrechenskumpan.

DER KÖNIG DER SCHLÜSSEL

Der ältere Herr war der beste Schlüsselkopierer der Welt. Er wurde als einziges Bandenmitglied nicht geschnappt. Es existiert kein Foto von ihm.

DIE UNTERSUCHUNG DES TRESORRAUMS

Monatelang bemühte sich Notarbartolo, Informatio-nen über den Tresorraum zu sammeln. Dabei profitierte er von seiner falschen Iden-tität als ehrbarer Kaufmann. So konnte er das Diaman-tenzentrum immer wieder problemlos betreten, ohne Verdacht zu erregen.

DER PROBEEINBRUCH IM DUNKELN

Die Bande befasste sich mit den Schwachpunkten des Tresorraums und bereite-te den Einbruch im Nach-bau der Kammer vor. Dabei trainierten die Spezialisten alle erforderlichen Hand-griffe im Dunkeln, sodass sie die Sicherheitssysteme des Zentrums fast wie im Schlaf austricksen konnten.

DER CODE FÜR DIE TRESORTÜR

Im September 2002 ging ei-ner der Wachmänner zur Safetür und verstellte die Räder des Türschlosses. Über seinem Kopf befand sich eine von der Bande platzierte Minikamera, die alle Bewegungen aufzeich-nete und die Zahl erkennen ließ. So erhielten die Verbre-cher den Code.

NUN KONNTEN SIE DEN COUP IM ECHTEN TRESORRAUM DURCHFÜHREN.

DER ABLAUF DES RAUBS

1. WÄRME- UND BEWEGUNGS- SENSOREN

Am 14. Februar betrat Notarbartolo wie üblich den Tresorraum des Zentrums, ohne Verdacht zu erregen. Geschützt von seiner falschen Identität besprühte er die Wärme- und Bewegungssensoren mit Haarspray, damit ihn niemand sehen konnte.

Ein simpler, aber äußerst wirkungsvoller Trick. So wurde kein Alarm ausgelöst, wenn jemand den Tresorraum betrat.

NOTARBARTOLO BEREITETE WÄHREND SEINES BESUCHS DES TRESORRAUMS ALLES FÜR DEN MOMENT DES EINBRUCHS VOR.

2. DAS MENSCHENLEERE DIAMANTENVIERTEL

Zwei Tage später, als sich das gesamte Viertel auf das Finale eines Tennisturniers konzentrierte, sollte der Diebstahl bei Anbruch der Nacht erfolgen. Kaum hatte das Wachpersonal die Stahltüren des Eingangs verschlossen, schon legten die Verbrecher los.

Notarbartolo lenkte seinen gemieteten Peugeot 307 durch das leere Diamantenviertel bis zu einem Gebäude neben dem

TECHNISCHE EINRICHTUNGEN ÜBERNAHMEN NUN DEN SCHUTZ DES TRESORRAUMS. DER BANDE WAR KLAR: GENAU HIER LAG DIE SCHWACHSTELLE.

Diamantenzentrum. Das Genie, das Monster, der König der Schlüssel und Speedy, sein Jugendfreund, stiegen aus.

Der König der Schlüssel öffnete die Tür und das Genie stieg auf das Hausdach. Von dort kletterte er hinüber auf das Diamantenzentrum, wo er mit einer Styroporplatte den Wärmesensor abdeckte und so ins Gebäude gelangte. Die anderen Diebe folgten ihm und klebten die Kameras mit schwarzem Klebeband ab.

So gelangten sie bis zum Tresorraum. Das Genie schaltete die Sicherheitssperren der Tür aus. Als der Moment gekommen war, die Tür mit

ALLE ZUVOR IM NACHGEBAUTEN TRESORRAUM DES DIAMANTENZENTRUMS TRAINIERTEN HANDGRIFFE ZAHLTEN SICH JETZT AUS.

dem Sicherheitsschlüssel zu öffnen, musste der König der Schlüssel nicht einmal tätig werden: Der Wachmann hatte den Originalschlüssel praktischerweise an der Wand hängen lassen.

3.  EIN COUP IM DUNKELN

Es gelang den Verbrechern, sämtliche Sicherheitsstufen bis zum Betreten des Tresorraums zu überwinden. Sie arbeiteten im Dunkeln und verließen sich auf ihr Gedächtnis, so wie sie es geübt hatten.

Im Dämmerlicht des Tresorraums öffneten sie mehr als 100 der 189 Schließfächer und nahmen die Diamanten und Juwelen in Beuteln an sich.

Um 5.30 Uhr in der Früh verließen sie das Diamantenzentrum, bevor das Viertel wieder zum Leben erwachte.

ES WAR KEIN ALARM AUSGELÖST WORDEN. DER COUP WAR EIN VOLLER ERFOLG!

Notarbartolo erwartete seine Kumpane auf der Straße im Peugeot, wo er den Polizeifunk abhörte. Die Bandenmitglieder setzten sich ins Auto und Notarbartolo fuhr langsam zu ihrem Versteck.

AM MORGEN DES 17. FEBRUAR 2003 ERHIELT DIE POLIZEI, DIE FÜR DIE ÜBERWACHUNG DES DIAMANTENVIERTELS UND SEINER EINRICHTUNGEN VERANTWORTLICH WAR, EINEN ANRUF: DAS DIAMANTENZENTRUM DER STADT SEI AUSGERAUBT WORDEN.

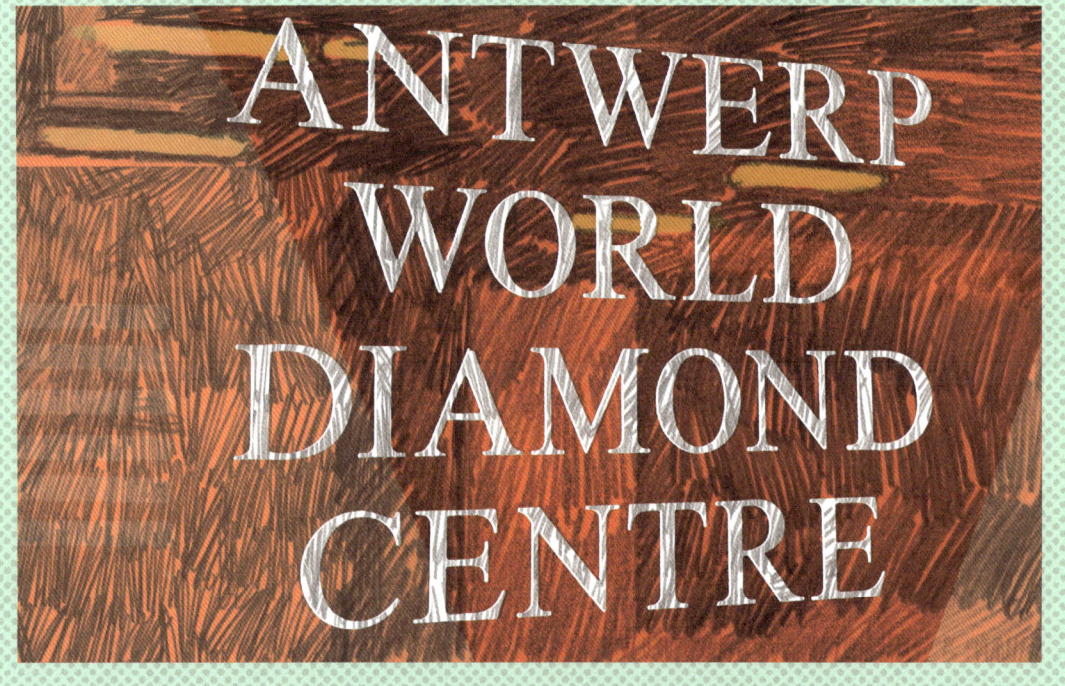

ANTWERP WORLD DIAMOND CENTRE

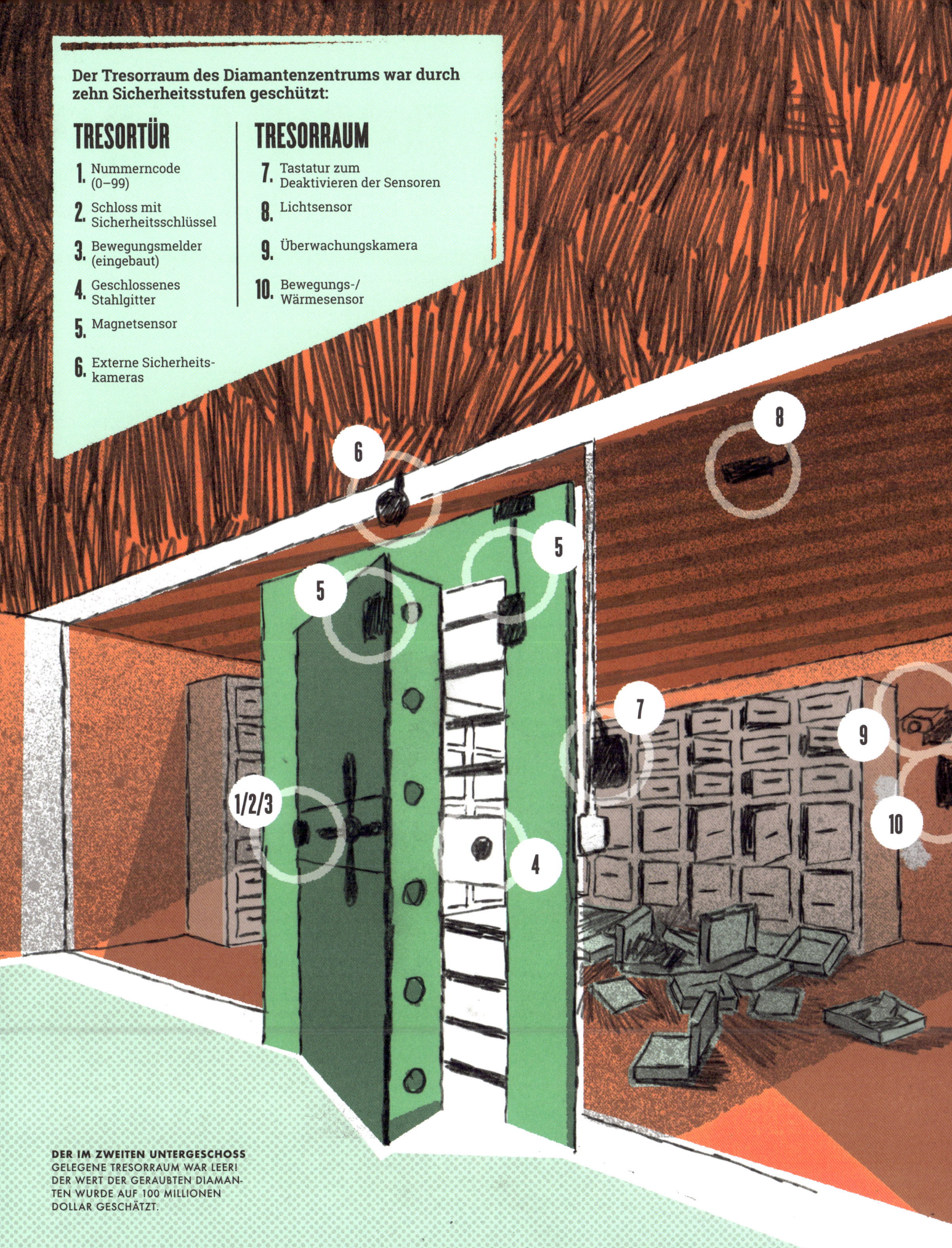

Der Tresorraum des Diamantenzentrums war durch zehn Sicherheitsstufen geschützt:

TRESORTÜR

1. Nummerncode (0–99)
2. Schloss mit Sicherheitsschlüssel
3. Bewegungsmelder (eingebaut)
4. Geschlossenes Stahlgitter
5. Magnetsensor
6. Externe Sicherheitskameras

TRESORRAUM

7. Tastatur zum Deaktivieren der Sensoren
8. Lichtsensor
9. Überwachungskamera
10. Bewegungs-/ Wärmesensor

DER IM ZWEITEN UNTERGESCHOSS GELEGENE TRESORRAUM WAR LEER! DER WERT DER GERAUBTEN DIAMANTEN WURDE AUF 100 MILLIONEN DOLLAR GESCHÄTZT.

4. GETÄUSCHT VON MYSTERIÖSEM HÄNDLER

In ihrem sicheren Versteck öffnete die Bande die Beutel, die sie mitgenommen hatte. Überraschung: Ein Großteil der Mäppchen war leer! Irgendetwas war schiefgegangen. Die Beute betrug nicht 100 Millionen, wie es der geheimnisvolle Händler versprochen hatte. Stattdessen waren es nur rund 20 Millionen. Der mysteriöse Diamantenhändler hatte sie hereingelegt.

Der Händler hatte die Steine vor dem Coup entfernt. Dies wusste die Versicherung jedoch nicht, die davon ausging, dass sich die Steine noch im Zentrum befunden hatten. Deshalb zahlte sie den Versicherten die gesamte Summe aus.

Der Diebstahl war nur eine Tarnung gewesen, um Millionen an Versicherungsgeldern einstreichen zu können.

NOTARBARTOLO WAR BETROGEN UND MIT SEINEN EIGENEN WAFFEN GESCHLAGEN WORDEN.

IN WIRKLICHKEIT WAR ES KEIN DIAMANTENDIEBSTAHL, SONDERN DER GRÖSSTE VERSICHERUNGSBETRUG DER GESCHICHTE.

5. SPEEDYS PECH AUF DER FLUCHT

Notarbartolo und sein Kumpel Speedy verließen mit ihrer Beute die Stadt und fuhren in Richtung Italien. Unterwegs beschlossen sie, die Verpackungen der Beute zu verbrennen, hielten an und luden das Material aus.

Doch als sie plötzlich ein Geräusch hörten, bekam Speedy Panik und fuhr einfach los.

Nach einem perfekten Diebstahl machte ihnen Pechvogel Speedy wieder einmal einen Strich durch die Rechnung: Ein Windstoß verteilte das Verpackungsmaterial mit den verdächtigen Spuren in alle Richtungen.

Der Mann, der Speedy und Notarbartolo beim Versuch, ihre Spuren zu verwischen, mit einem Geräusch aufgeschreckt hatte, war ein Jäger.

Als er am folgenden Morgen die zerstreuten Verpackungen entdeckte, verständigte er die Polizei. Einige der Umschläge trugen den Stempel des Antwerpener Diamantenzentrums, was den Beamten sofort auffiel.

SPEEDYS UNGESCHICKLICHKEIT FÜHRTE DIE POLIZEI DIREKT ZU NOTARBARTOLO.

SO FAND DIE POLIZEI DEN IM KELLER GELEGENEN TRESORRAUM DES ANTWERPENER DIAMANTENZENTRUMS MIT DEN SCHLIESSFÄCHERN VOR.

DIE ARBEIT DER POLIZEI & URTEIL

Mithilfe der an der Straße zurückgelassenen Spuren gelang es der Polizei, die Bande zu fassen. Nur der schlaue König der Schlüssel entkam dem Zugriff der Beamten.

NOTARBARTOLO WURDE VERHAFTET, NACHDEM MAN IHN MIT DEM DIEBSTAHL IN VERBINDUNG GEBRACHT HATTE – DURCH DNA-SPUREN AN EINEM NAHE DES TATORTS GEFUNDENEN SANDWICH UND DURCH VIDEO-AUFNAHMEN AUS DEM DIAMANTENZENTRUM.

DAS URTEIL

Die belgische Justiz verurteilte Notarbartolo zu zehn Jahren Gefängnis. Die anderen Bandenmitglieder verbrachten fünf Jahre hinter Gittern.

DIE BEUTE

Die Beute wurde nie gefunden. Bis heute könnte sie noch irgendwo im steilen Gelände der Alpen versteckt sein.

Der geheimnisvolle Händler war spurlos verschwunden und wurde nie wieder gesehen. Niemand weiß, wer dieser Mann war.

DER ORT NAHE DER AUTOBAHN E19 NÖRDLICH VON BRÜSSEL, WO SPEEDY DEN MÜLLSACK MIT DER BEUTEVERPACKUNG LIEGEN LIESS.

ISBN 1517-6819

O POVO

FORTALEZA-CE, Sonntag, 7. August 2005 Jahr LXXVIII Nr. 25.664 RS 2,00

AUSGABE MIT 86 SEITEN

UNGLAUBLICH!
164 MILLIONEN REAL

AUS DER ZENTRALBANK VON FORTALEZA DURCH EINEN TUNNEL ENTWENDET

EIN MEISTERWERK DER INGENIEURSKUNST MACHTE DIESEN COUP ZUM SPEKTAKULÄRSTEN DIEBSTAHL VON BRASILIEN.

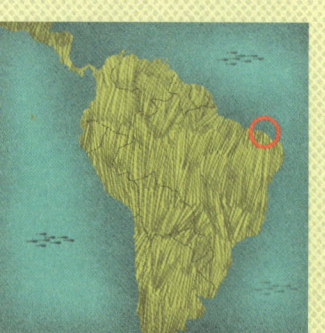

FORTALEZA IST EINE STADT AN DER NORDOSTKÜSTE BRASILIENS.

DAS GEBÄUDE DER ZENTRALBANK VON FORTALEZA

WANN:	**WO:**	**WER:**	**BEUTE:**	**URTEIL:**
WOCHENENDE VOM 6.–7. AUGUST 2005	ZENTRALBANK VON FORTALEZA, BRASILIEN	BANDE AUS 35 MÄNNERN	164 MILLIONEN REAL (27 MILLIONEN EURO)	GESCHNAPPT WURDEN NUR EINIGE BANDENMITGLIEDER. DIE HÖCHSTE STRAFE ERHIELT DER „DER DEUTSCHE" GENANNTE ANFÜHRER: 49 JAHRE.

DIE PLANUNG DES RAUBS

DIE IDEE

Die Idee für den Einbruch in die Zentralbank von Fortaleza soll von den Wachmännern eines Transportunternehmens stammen, die für die Bank arbeiteten.

Als „Der Deutsche" (so lautete der Spitzname des Verbrechers Antônio Jussivan Alves dos Santos) zufällig in der Stadt war, schlugen sie ihm den Coup vor.

DIE BANDE WOLLTE DURCH EINEN TUNNEL IN DIE ZENTRALBANK GELANGEN UND DORT DIE SCHLIESSFÄCHER AUSRÄUMEN.

VERTRAULICHE INFORMATIONEN

„Der Deutsche" nahm die Herausforderung an. Im Lauf mehrerer Monate sammelte er Informationen über die Lage der Kammer, die Überwachungskameras, die Alarmanlagen, die Bewegungsmelder und die Schließfächer des Geldinstituts.

DER PLAN WAR ABERWITZIG UND SCHIEN FILMREIF ZU SEIN. ABER ER WAR NICHT UNMÖGLICH. AUSSERDEM ZÄHLTE MAN AUF DIE HILFE VON KOMPLIZEN IM INNEREN DER BANK.

PROFESSIONELLE DIEBE

„Der Deutsche" suchte unterschiedlichste Spezialisten für den großen Coup. Er engagierte Ingenieure, Bergleute, Fälscher und Großinvestoren, die das Geld zur Verfügung stellten, um den 80 Meter langen Tunnel zu graben. Dieser sollte bis unter den Tresorraum der Bank führen.

DIE TARNUNG

Um das große Meisterwerk der Ingenieurskunst, den Tunnel, graben zu können, war es aber unbedingt erforderlich, eine Tarnung zu erfinden.

So mietete die Bande ein kleines Haus in der Nähe und hängte ein Schild an die Fassade. Es besagte, dass es sich bei dem Unternehmen um eine Gärtnerei handelte.

Die Diebe trugen professionelle Gärtnerkleidung und die Lieferwagen waren alle mit dem Firmensymbol beschriftet.

Dank des falschen Unternehmens konnten die Verbrecher die Erde, die beim Tunnelaushub anfiel, abtransportieren, ohne auch nur den leisesten Verdacht im Viertel zu erregen.

Alles war bereit – die Bande musste nur noch loslegen.

DAS HAUS, UNTER DEM DER TUNNELEINSTIEG LAG, WURDE ZUM ANGEBLICHEN FIRMENSITZ EINER GÄRTNEREI, DIE RASENFLÄCHEN ANLEGTE.

AUSGEHEND VON DEM ANGEMIETETEN HAUS GRUB DIE BANDE DREI MONATE LANG EINEN 80 METER LANGEN TUNNEL BIS UNTER DEN TRESORRAUM. IN DER NACHT VOM 6. AUF DEN 7. AUGUST 2005, EIN WOCHENENDE, DRANGEN SIE IN DIE KAMMER EIN UND STAHLEN NACH HEUTIGEM WERT RUND 27 MILLIONEN EURO.

DER ABLAUF DES RAUBS

1. TUNNEL BIS ZUR BANK

Eine zehnköpfige Mannschaft begann, den unterirdischen Gang zu graben. Die falschen Gärtner huben jeden Tag große Mengen an Erdreich aus, das sie in Lieferwagen abtransportierten. Wie geplant kamen den Nachbarn diese Erdarbeiten nicht seltsam vor. Sie gingen davon aus, dass dies die normale Arbeit eines Gartenbaubetriebs war, der gerade Rasenflächen anlegte.

Es gelang den Verbrechern, den Tunnel innerhalb von drei Monaten auszuheben. Dabei mussten sie eine der wichtigsten Straßen der Stadt (die breite Avenida Dom Manuel) unterqueren, um zur Bank zu gelangen.

2. INGENIEURS-KUNST

30 TONNEN ERDE ALS AUSHUB

HOLZSTÜTZEN ZUR VERHINDERUNG VON EINSTÜRZEN

LÜFTUNG UND KLIMAANLAGE

80 METER TUNNEL

BELEUCHTUNGS-SYSTEM IM TUNNEL

3. GEPANZERTER TRESORRAUM

Als die Bande unter der Bank ankam, wartete sie auf das Wochenende, um in den Tresorraum einzudringen. Dieser war mit 1,10 Meter dickem Stahlbeton gesichert. Um durch die Bodenplatte ins Innere der Kammer zu gelangen, benötigten die Männer Diamantbohrer, Schneidbrenner und gummierte elektrische Schlaghämmer zur Lärmdämpfung.

DEN DIEBEN GELANG DER EINBRUCH, OHNE ALARM AUSZULÖSEN – UND SCHON WAREN SIE DRIN!

EINE BEEINDRUCKENDE ARBEIT, DIE EIN VERMÖGEN KOSTETE.

4. ABGEDECKTE SICHERHEITS-KAMERAS

Der Tresorraum war 500 Quadratmeter groß und jeder Zentimeter wurde von einer der Kameras überwacht. Doch dank der Kontakte der Bande zu einem Angestellten der Bank wurden die Kameras während des Diebstahls abgedeckt.

5. DIE BEUTE

Die Diebe öffneten die fünf Tresore. Darin befanden sich Millionen Real in benutzten 50er-Noten. Es handelte sich um Geldscheine, die von der Bank zur Überprüfung aufbewahrt wurden, um sie entweder wieder in den Umlauf zu bringen oder zu verbrennen.

DIE SCHEINE MIT UNBEKANNTER SERIEN-NUMMER WURDEN VON DER POLIZEI NIE AUFGESPÜRT.

6. DER TRANSPORT

Sieben Stunden lang brachten die Räuber die drei Tonnen an Geldscheinen in Karren, die über ein Flaschenzugsystem gezogen wurden, durch den Tunnel bis zum Haus.

7. DIE FLUCHT

Das Geld transportierten sie in Lieferwagen ab. Die benutzten Werkzeuge ließen sie zurück. Nachdem sie das Innere des Gärtnereihauses mit Kalkfarbe gestrichen hatten, um sämtliche Fingerabdrücke zu beseitigen, flohen sie im Morgengrauen.

Bevor die Bank öffnete, teilte die Bande die 164 Millionen Real unter sich auf und trennte sich.

DIE VERBRECHER VERTEILTEN SICH IM GANZEN LAND.

DAS BELEUCHTETE UND BELÜFTETE INNERE DES 80 METER LANGEN TUNNELS

DER WEG ZUR BEUTE

ES HANDELTE SICH UM BENUTZTE 50-REAL-GELDSCHEINE, DIE AUS DEM VERKEHR GEZOGEN WERDEN SOLLTEN. VERMUTLICH HATTEN DIE DIEBE AUCH BANKANGESTELLTE ALS KOMPLIZEN. DIE BANDE NAHM DREI MILLIONEN BANKNOTEN, DIE DREI TONNEN AN GEWICHT WOGEN, MIT.

DER TRESOR

Die Diebe bohrten sich durch die 1,10 Meter dicke Bodenplatte aus Stahlbeton, um ins Innere zu gelangen.

TRESORRAUM DER ZENTRALBANK

IM BAU BEFINDLICHES GEBÄUDE

Av. Dom Manuel

Av. Heráclito Graça

TUNNEL

ZIMMER MIT MEHREREN SÄCKEN SAND

ZIMMER MIT TUNNEL-EINGANG

KÜCHE

EINGANG

Tunnelzugang im Inneren des Hauses

HAUS, VON DEM AUS DIE DIEBE DEN TUNNEL AUSHOBEN

HOTEL

GESCHÄFTE (ZUM GROSSTEIL GESCHLOSSEN)

Calle 25 de Marzo

BANDENMITGLIEDER, DIE NAMENTLICH BEKANNT SIND:

ANTÔNIO JUSSIVAN ALVES, „DER DEUTSCHE", ANFÜHRER DER BANDE

Er gab zu, am Einbruch beteiligt gewesen zu sein und fünf Millionen Real erhalten zu haben, leugnete aber, der Kopf der Bande zu sein. Er wurde zu 49 Jahren und zwei Monaten Gefängnis verurteilt.

LUIS FERNANDO RIBEIRO FERNANDINHO, DER KAPITALGEBER

Er finanzierte den Einbruch. Der Polizei gelang es nicht, ihn zu fassen. Doch er wurde von einer anderen Bande entführt und getötet, obwohl seine Familie Lösegeld gezahlt hatte.

ANTÔNIO ARGEU NUNES VIEIRA DER KAPITALGEBER

Dieses Bandenmitglied ist der Ex-Bürgermeister der Stadt Boa Viagem. Er wurde zuerst wegen Finanzierung des Einbruchs eingesperrt, dann aber aus Mangel an Beweisen wieder freigelassen.

MOISÉS TEIXEIRA DA SILVA DER BERGMANN

Einer der Rädelsführer der Bande. Er wurde dank eines Undercover-Agenten in seiner Lieblingsbäckerei erwischt und erhielt eine Gefängnisstrafe von 17 Jahren. Nach zwei Jahren kam er wieder frei.

MARCOS ROGÉRIO MACHADO DE MORAIS DER INGENIEUR

Dieses Bandenmitglied kam ins Gefängnis, konnte aber bereits nach wenigen Jahren entkommen. Bis zum heutigen Tag bleibt Machado de Morais spurlos verschwunden.

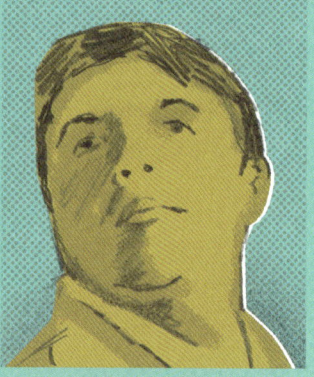

JOSÉ CHARLES MACHADO DE MORAIS DER GELDWÄSCHER

Inhaber eines Transportunternehmens und Bruder von Marcos Rogério (Der Ingenieur). Er wurde wegen Geldwäsche angeklagt und zu 36 Jahren Gefängnis verurteilt. Auch er konnte in einem filmreifen Ausbruch zusammen mit acht anderen Gefangenen fliehen.

JORGE LUIZ DA SILVA DER FÄLSCHER

Dieses Bandenmitglied eröffnete mithilfe gefälschter Dokumente die Gärtnerei, die als Tarnung für den ganzen Coup diente. Der Mann landete im Gefängnis.

DEUCIMAR NEVES QUEIROZ DER INFORMANT

Ex-Wachmann der Zentralbank von Fortaleza, der die genaue Lage des Tresorraums, der Überwachungskameras, der Alarmanlangen, der Bewegungsmelder und der Schließfächer verriet. Er erhielt zwei Millionen Real von der Beute, wurde aber von der Polizei verhaftet.

FLÜCHTIGE UND VERSCHWUNDENE BEUTE

Viele Mitglieder der Bande landeten nach dem Einbruch in der Bank von Fortaleza im Gefängnis. Aber einige wurden nicht erwischt, besonders die höhergestellten Persönlichkeiten, die niemand einzusperren wagte.

Außerdem tauchten nur zehn Prozent des geraubten Geldes wieder auf. Irgendwo auf der Welt genießen die „großen Fische" dieses Coups in Freiheit ihre Beute, während die anderen ihre langen Strafen absitzen.

DER FILM

Die Filmhandlung von *Asalto al banco central* (2011) des Regisseurs Marcos Paulo basiert auf diesem berühmten Einbruch.

DIE ARBEIT DER POLIZEI

GRÖSSTER DIEBSTAHL IN DER GESCHICHTE BRASILIENS

Am Montag, den 8. August, öffnete die Bank ihre Tore.

JEMAND WAR VON UNTEN IN DEN TRESORRAUM EINGEDRUNGEN. DER SCHACHT MÜNDETE IN EINEN TUNNEL.

Mehrere unerschrockene Polizeibeamte meldeten sich freiwillig zur Erkundung des Tunnels. Die Polizisten fürchteten, dass der Tunnel mit Fallen versehen war. Trotzdem durchschritten sie den dunklen Gang, um herauszufinden, wohin er führte.

DAS GÄRTNEREI-HAUS WURDE ZUM MITTELPUNKT DER ERMITTLUNGEN.

Die Polizei begann mit einer Rekonstruktion der Ereignisse, während die Nachbarn die Hände über dem Kopf zusammenschlugen: Sie waren fast hautnah die Zeugen des Baus eines meisterhaften Tunnels gewesen.

ANTONIO CELSO DOS SANTOS, MITGLIED DER BUNDESPOLIZEI

DER TUNNEL WURDE LEGENDÄR.

Die Titelblätter der Zeitungen waren voll mit Berichten über den Erfolg. Die Diebesbande hatte die Zentralbank um 164 Millionen Real bestohlen.

OHNE DROHUNGEN, OHNE SCHÜSSE UND OHNE EINEN ALARM AUSZULÖSEN: SO WURDE DER COUP ZUM RAFFINIERTESTEN EINBRUCH IN DER GESCHICHTE BRASILIENS.

DIE BUNDESPOLIZEI

Antonio Celso Dos Santos, ein respektables Mitglied der Bundespolizei und Leiter der Ermittlungen, arbeitete mit seinem loyalen Team an diesem Fall.

MILLIONENSCHWERE FEHLER

Obwohl die Bande vorsichtig gewesen war, gelang es dem Team von Antonio Dos Santos, in einer Wohnung eine Spur der Diebe zu sichern. Sie gehörte José Marleudo, dem Schwager von dem „Deutschen".

Wenige Tage später kaufte ein anderes Bandenmitglied mit 50er-Banknoten zehn Autos. Sein Name war José Charles Machado de Morais. Sofort wusste die Polizei, dass er in den Einbruch verwickelt gewesen war. Die beiden Verbrecher José Marleudo und José Charles Machado de Morais führten die Polizei zum Rest der Bande.

GESUCHT: BRUCE REYNOLDS

ANGEFÜHRT VON BRUCE REYNOLDS ÜBERFÄLLT EINE 15-KÖPFIGE BANDE DEN POSTZUG AUS GLASGOW.

**BEUTE:
2,6 MILLIONEN PFUND**

VINCENZO PERUGGIA

EIN EINFACHER SCHREINER NUTZT DIE SICHERHEITSLÜCKEN DES LOUVRE AUS.

DER DIEBSTAHL DER *MONA LISA*

DIONISIO RODRÍGUEZ MARTÍN
EL DIONI

IM LAUF VON NUR EINER NACHT WIRD AUS EINEM UNBEKANNTEN GELDTRANSPORTFAHRER EL DIONI – DER REICHSTE UND BERÜHMTESTE FLÜCHTIGE SPANIENS.

**BEUTE:
320 MILLIONEN PESETEN**

VLADIMIR LEVIN

EIN JUNGER MANN TRICKST DIE IT-SICHERHEIT DER CITIBANK AUS.

**BEUTE:
10,7 MILLIONEN DOLLAR**

ALBERT SPAGGIARI

"KEINE WAFFEN, KEINE GEWALT, KEIN HASS."

DER VERWEGENE EX-SOLDAT STIEHLT DER BANK VON NIZZA 10 MILLIONEN EURO IN FORM VON GELD UND JUWELEN.

ZWEI UNBEKANNTE DIEBE

BIS HEUTE HAT DAS FBI DIESEN FALL, DER ALS GRÖSSTER KUNSTRAUB DER VEREINIGTEN STAATEN GILT, NICHT GELÖST.

13 KUNSTWERKE MIT EINEM SCHÄTZWERT VON 500 MILLIONEN DOLLAR

DAN COOPER

DER BIS HEUTE UNBEKANNTE DROHT AN BORD EINER BOEING 727, EINE BOMBE EXPLODIEREN ZU LASSEN.

BEUTE: 200 000 DOLLAR.

LEONARDO NOTARBARTOLO
LA SCUOLA DI TORINO

OBWOHL DAS VIERTEL RUND UM DIE UHR VON POLIZISTEN UND 63 SICHERHEITSKAMERAS ÜBERWACHT WIRD, WAGT ES LEONARDO NOTARBARTOLO, IN DAS ANTWERPENER DIAMANTENZENTRUM EINZUBRECHEN.

BEUTE: 100 MILLIONEN DOLLAR IN GOLD, DIAMANTEN UND JUWELEN

DIE VERBRECHERBANDE RÄUMT DIE ZENTRALBANK VON FORTALEZA DURCH EINEN 80 METER LANGEN TUNNEL AUS.

BEUTE: 164 MILLIONEN REAL

35 MÄNNER, ANGEFÜHRT VON

ANTÔNIO JUSSIVAN ALVES
"DER DEUTSCHE"